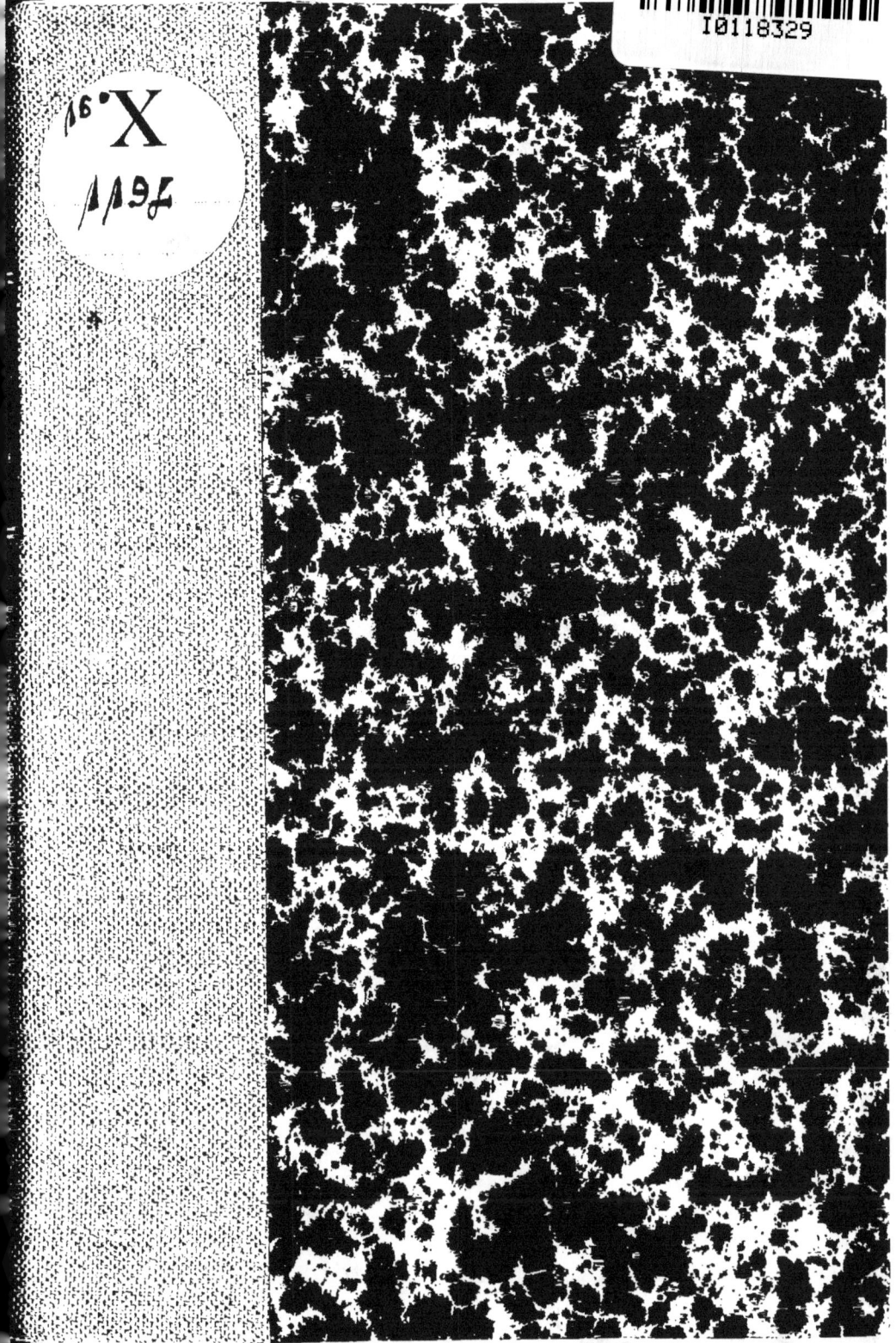

MAURICE

# GRAMMAIRE

## DE LA

# LANGUE JAPONAISE

## PARLÉE

### PAR

### MAURICE COURANT

Élève Diplômé de l'École Spéciale des Langues Orientales Vivantes,
Secrétaire-Interprète pour les Langues
Chinoise et Japonaise.

### PARIS

## ERNEST LEROUX, ÉDITEUR

28 rue Bonaparte.

### 1899.

8° Dock 08

東洋活語學校卒業
外務省日淸繙譯官　マウリース古恒　編纂

# 和語文典　全

佛京
巴里　エルネスト、ロルー　書林發行

# GRAMMAIRE

## DE LA

# LANGUE JAPONAISE

# PARLÉE

*9971*

## PAR

## MAURICE COURANT

Elève Diplômé de l'Ecole Spéciale des Langues Orientales Vivantes,
Secrétaire-Interprète pour les Langues
Chinoise et Japonaise.

———

## PARIS

## ERNEST LEROUX, ÉDITEUR

28 rue Bonaparte.

——

1 8 9 9 .

Imprimé à la " TOKYO TSUKIJI TYPE FOUNDRY,"
Tōkyō, Japon.

# AVERTISSEMENT

Plusieurs auteurs européens ont fait de la langue japonaise l'objet d'études linguistiques et quelques-uns ont donné au public des travaux de grande valeur : mais je n'ai pas l'intention de les examiner ici, ni même d'en dresser une liste qui se trouve déjà dans les bibliographies spéciales. Quels que soient et le nombre et la qualité des ouvrages grammaticaux auxquels je fais allusion, il m'a paru cependant qu'en français il y a encore place au moins pour une grammaire méthodique et pratique de la langue parlée.

Il n'est pas possible, en effet, d'apprendre à la fois le japonais écrit et le japonais parlé, ces deux langues différant autant que le latin et l'italien ; il semble naturel de commencer par le japonais parlé qui prépare le débutant à l'étude de la langue littéraire et lui fournit le moyen de travailler avec les indigènes. D'autre part, si l'étudiant désire connaître, si peu que ce soit, la vie de ceux-ci, il est indispensable qu'il sache lire :

plus tôt il commencera l'étude des caractères et des syllabaires, et plus rapidement il se familiarisera avec ces méthodes graphiques si différentes des nôtres. Trouvant dans cette grammaire les mots écrits en japonais et accompagnés d'une transcription, il fera connaissance à la fois avec les mots et les phrases, et avec leur représentation figurée : de la sorte, il épargnera du temps et évitera de se trouver jamais dans la situation de ces étrangers qui, parlant couramment le japonais, sont incapables d'en lire une ligne.

La langue japonaise est très logique : presque toute sa syntaxe, et la syntaxe y joue un grand rôle, se ramène à un principe. Je me suis efforcé d'exposer les faits grammaticaux dans un ordre raisonné, de façon qu'ils s'éclairent les uns les autres et mettent en lumière les principes généraux. Cette méthode m'a paru plus sûre que celle qui consiste à commencer par les choses les plus simples, c'est-à-dire les plus proches du français, pour aller aux plus difficiles qui s'en éloignent davantage : un pareil procédé appliqué au japonais habitue l'esprit à de fausses analogies et lui voile la nature vraie de la langue. L'ordre à suivre pour un cours d'exercices de traduction ne serait, d'ailleurs, pas le même que celui de la grammaire : il faudrait graduer les difficultés, le rapport entre les exercices et les principes serait facile à établir par des renvois ; ainsi l'étudiant, à côté d'exercices gradués, aurait toujours sous les yeux un tableau logique de la langue et ses connaisances y gagneraient en clarté.

Je ne me suis permis quelques digressions sur l'histoire des formes que dans le cas où la connaissance de l'ancienne langue permet d'expliquer plus facilement les règles de la langue moderne. J'ai tâché, en effet, de donner à cet essai le moindre volume possible, de formuler les règles d'une façon précise et de présenter de chacune un petit nombre d'exemples : car je ne crois pas que la surabondance des détails soit favorable au débutant qui s'en trouve écrasé.

Je n'ai pas prétendu davantage révéler des nouveautés linguistiques : la langue courante de Tōkyō, qui est comprise et parlée à peu près dans tout l'empire, est assez connue pour qu'il n'y ait plus rien d'imprévu à y trouver, et j'ai dû naturellement répéter ce qu'avaient dit mes devanciers. Pourtant, je ne pense pas que la division que j'ai adoptée, ait été appliquée jusqu'ici à une grammaire de la langue parlée : j'ai emprunté ce plan aux auteurs indigènes qui ont étudié la langue écrite, le trouvant plus conforme que n'importe quel autre à la nature de la langue. Si ma grammaire a quelque valeur, je suis persuadé que c'est à la clarté de cette méthode qu'elle en est redevable.

Je dois maintenant expliquer mon système de transcription. Tous les mots japonais peuvent s'écrire au moyen d'un syllabaire ; il suffit donc de donner à chacune des quarante-sept syllabes japonaises une valeur constante en lettres latines, en tenant compte des séries naturelles des sons qui sont parfaitement logiques, et de mettre sous chaque syllabe du mot la syllabe latine correspondante ; l'on aura ainsi un calque exact du mot japonais. Grâce à cette transcription méthodique, l'étudiant apprend à la fois à prononcer d'après le texte transcrit et d'après le texte syllabique japonais ; il peut étudier les formes et leurs rapports d'aussi près sous leur déguisement européen que sous leur vêtement indigène. Au contraire, la transcription faite d'après la prononciation usitée aujourd'hui à Tōkyō, s'écarte beaucoup de l'orthographe japonaise, brise les relations normales des syllabes et rend nécessaires des règles de permutation compliquées : elle impose à l'étudiant un assez gros travail supplémentaire. Je me suis donc arrêté à la transcription méthodique dont j'ai énoncé tout à l'heure le principe : elle n'est d'ailleurs pas une nouveauté, ayant été vivement recommandée, il y a quelques années, par les plus compétents comme japonistes des membres de la Société Asiatique anglaise de

Tōkyō. Malheureusement les idées antiscientifiques du Romaji-kai, association qui prétendait remplacer, pour l'usage même des Japonais, les caractères nationaux par une fantaisiste transcription en lettres latines, l'ont emporté au moins partiellement : la plupart des Européens ont adopté cette bizarre orthographe ; il est vrai que les Japonais ont eu la sagesse de s'en tenir pour eux-mêmes aux caractères et aux syllabes indigènes.

J'ajouterai que, si les circonstances me le permettent, je compte mettre tous mes soins à faire suivre cette grammaire d'un cours d'exercices de langue parlée et d'un cours de langue écrite moderne ; j'insisterai surtout sur le style officiel et sur le style des journaux, dont la connaissance est nécessaire aux interprètes étrangers dès leur arrivée dans le pays ; mais je ne négligerai pas la langue de la correspondance privée, ni celle qui a été en usage dans l'administration jusqu'après 1868 : ces dernières formes de langage ne pourraient, en effet, sans préjudice être ignorées de celui qui vit au Japon, quelle que soit la nature des affaires qu'il a à traiter. Au contraire, je laisserai de côté la langue ancienne, pour intéressante qu'elle soit ; c'est là matière d'érudition et non d'étude pratique : or, le but que je me propose, aussi bien dans ce volume que dans ceux que je projette de publier, c'est de rendre quelques services aux Français qui sont en relations avec des Japonais.

Paris, Septembre 1898.

# TABLE DES MATIÈRES.

# I<sup>ère</sup> PARTIE.

## ÉCRITURE ET PHONÉTIQUE.

---

### I.—SYLLABAIRES.

**1.** La langue japonaise s'écrit à l'aide de caractères chinois qui ont une valeur idéographique et de signes syllabiques dépourvus de sens ; le mélange de ces deux sortes de signes n'est soumis à aucune règle fixe ; on peut dire, à titre d'indication générale, que les radicaux des mots sont souvent indiqués par un caractère chinois et que les terminaisons et particules sont souvent rendues au moyen de signes syllabiques ; il faut se garder de tenir ce principe pour absolu. Il est, d'ailleurs, très rare qu'une phrase soit écrite uniquement en caractères chinois, au moins dans le langage habituel ; il est encore plus rare qu'une phrase ne renferme que des syllabes japonaises. Il est donc nécessaire, dès l'abord, de s'habituer à ce double système graphique et de se mettre en état de reconnaître un mot sous l'une ou l'autre forme.

Cette grammaire étant destinée à l'étude de la langue japonaise, je n'ai pas à exposer les règles de l'écriture chinoise ; je les suppose connues, et je me borne à mettre toujours le caractère chinois à coté du mot japonais, à l'employer fréquemment dans les exemples, afin de familiariser avec lui l'œil du lecteur.

Quant aux syllabes japonaises, on les trouvera répandues dans les exemples ; il m'arrivera souvent aussi de les remplacer par leur transcription en lettres latines.

Le syllabaire japonais se compose de 47 syllabes et d'une lettre supplémentaire ; il se présente sous deux formes : le *Katu kana,* 片假名, et le *Hira gana,* 平假名 ; les signes du dernier, de beaucoup plus usité, offrent de nombreuses variantes.

Les syllabes se rangent aussi dans deux ordres différents : le premier est appelé *Iroha,* du nom des trois premières lettres ; dans cet ordre, le syllabaire forme un quatrain, dont voici la traduction et la transcription :

### TRADUCTION.

" La couleur et le parfum s'évanouissent, hélas !
" Dans notre monde, qui peut durer toujours ?
" Dans la montagne profonde de l'existence, le jour présent
   disparaît,
" Vision légère, il n'enivre même pas."

### TRANSCRIPTION.

" *Iro ha, nihohe to, tiri nuru, wo !*
" *Waga yo, tare zo tune naramu ?*
" *U wi no oku yama, kehu koete,*
" *Asaki yume misi, wehi mo sezu.*"

## SYLLABAIRE DANS L'ORDRE DE L'*Iroha*.

Kata kana  イ ロ ハ ニ ホ ヘ ト チ リ ヌ ル ヲ

Hira gana
{
い ろ は に ほ へ と ち り ぬ る を
*i ro ha ni ho he to ti ri nu ru wo*

Kata kana  ワ カ ヨ タ レ ソ ツ ネ ナ ラ ム

Hira gana
{
わ か よ た れ そ つ ね なら む
*wa ka yo ta re so tu ne na ra mu*

Kata kana  ウ ヰ ノ オ ク ヤ マ ケ フ コ エ テ

Hira gana
{
う ゐ の お く や ま け ふ こ え て
*u wi no o ku ya ma ke hu ko e te*

Kata kana  ア サ キ ユ メ ミ シ ヱ ヒ モ セ ス

Hira gana
{
あ さ き ゆ め み し ゑ ひ も せ す
*a sa ki yu me mi si we hi mo se su*

La lettre supplémentaire est *n* finale: kata kana ン; hira gana ん.

**2.** Le second arrangement du syllabaire japonais est préféré par les grammairiens indigènes, comme plus logique; on lui donne le nom de *go zihu on* 五十音, les cinquante sons.

SYLLABAIRE DANS L'ORDRE DES *go zihu on*.

| ア | カ | サ | タ | ナ | ハ | マ | ヤ | ラ | ワ |
|---|---|---|---|---|---|---|---|---|---|
| a | ka | sa | ta | na | ha | ma | ya | ra | wa |
| イ | キ | シ | チ | ニ | ヒ | ミ | | リ | ヰ |
| i | ki | si | ti | ni | hi | mi | yi | ri | wi |
| ウ | ク | ス | ツ | ヌ | フ | ム | ユ | ル | |
| u | ku | su | tu | nu | hu | mu | yu | ru | wu |
| エ | ケ | セ | テ | 子 | ヘ | メ | | レ | ヱ |
| e | ke | se | te | ne | he | me | ye | re | we |
| オ | コ | ソ | ト | ノ | ホ | モ | ヨ | ロ | ヲ |
| o | ko | so | to | no | ho | mo | yo | ro | wo |

La lettre supplémentaire *n* n'a pas plus place dans cet arrangement que dans l'autre.

Les trois syllabes *yi, ye, wu* ne sont pas usitées et sont supposées pour la symétrie, ce qui réduit à 47 le nombre des syllabes employées.

II.—PRONONCIATION.

**3.** $\left.\begin{array}{l}a\\i\end{array}\right\}$ ont le même son qu'en français; *i* est souvent muet.

Exemples:

| sita, | 下, | en bas | prononcez à peu près | sta | (sĭta) |
| hito, | 人, | homme | „ | „ | hto | (hĭto) |

— *u* se prononce *ou*, il est souvent muet; j'emploierai la notation ĭ, ŭ pour distinguer les voyelles muettes quand il y aura lieu : mais il faut se rappeler que, dans l'écriture japonaise, aucun signe n'indique la suppression de la voyelle.

Examples :

| | | | | | |
|---|---|---|---|---|---|
| *hutatu*, | 二ツ, | deux | prononcez à peu près | *ftats* | *(fŭtatŭ)* |
| *watakusi*, | 私, | je, moi | „ „ | *wataxi* | *(watakŭsi)* |

*u* inital suivi de *m*, tient souvent la place de la syllabe *mu* employée plus correctement : dans ce cas, avec les deux orthographes, la prononciation est la même, *um* et *mum* étant remplacés par *mm*. Si la combinaison *um* est primitive, alors elle ne change pas dans la prononciation.

Exemples :

| | | | | | |
|---|---|---|---|---|---|
| *uma*, (*muma*), | 馬, | cheval | prononcez | *mma* | *(mŭma)* |
| *ume*, (*mume*), | 梅, | prune | „ | *mmé* | *(mŭme)* |
| *umi*, | 海, | la mer | „ | *oumi* | |

— *e* se prononce *é* ; dans la phonétique japonaise, *e* équivaut à *i+a*.

— *o* a le même son qu'en français (*o* grave et bref de *pot*).

— Dans les diphtongues *ai, ae, ao, oi, oe, ei, ui, ue,* on doit entendre les deux sons composants ; souvent *e* initial, ou *e* précédé d'une voyelle, développe devant lui un son mouillé qu'on peut comparer à celui de *y*.

Exemples :

| | | | | | | |
|---|---|---|---|---|---|---|
| *Edo,* | 江戸, | Yédo | prononcez | *Édo* | ou | *Yédo.* |
| *hueru,* | 殖ル, | augmenter | „ | *fouérou* | „ | *fouyérou* |
| *koe,* | 肥料, | fumier | „ | *koé* | „ | *koyé* |

— *Au, ou* se prononcent *ó* ; *eu* équivaut, d'après la valeur phonétique de *e*, à *i+a+u*, donc à *i+au* ou *ió, yó*.

Exemples :

| | | | | |
|---|---|---|---|---|
| *dau,* | 堂, | une salle | prononcez | *dó* |
| *dou,* | 同, | le même | „ | *dó* |
| *reu,* | 料, | matière | „ | *ryó* |

— *Uu* équivaut à *ou* long.

Exemples:

| | | | | |
|---|---|---|---|---|
| *hau,* | 風, | le vent | prononcez | *foû* |
| *tuu,* | 通, | (*particule numérale*) | „ | *tsoû* |

**4.**

| | | | | |
|---|---|---|---|
| *ka* | se prononce | *ka* |
| *ki* | „ | *ki* |
| *ku* | „ | *kou* |
| *ke* | „ | *ké* |
| *ko* | „ | *ko* |

— Lorsque *ki* et *ku* sont suivis d'un *k*, les voyelles *i* et *u* tombent dans la prononciation ; si la consonne qui suit est *h*, cette lettre se transforme parfois en *p* et le *k* de *ki* et *ku* devient lui même un *p*.

Exemples :

| | | | | |
|---|---|---|---|---|
| *sekikau,* | 石膏, | du plâtre | prononcez | *sekkô* |
| *sokukin,* | 即金, | de l'argent comptant | „ | *sokkine* |
| *roku hon,* | 六本, | six tiges | „ | *roppon* |
| *soku hatu,* | 束髪, | cheveux repliés | „ | *sokŏu hatsŏu* |

— Les syllabes de cette série sont susceptibles d'être adoucies et donnent les sonores correspondantes : *ga, gi, gu, ge, go,* qui s'écrivent ガ, ギ, グ, ゲ, ゴ. Le signe de l'adoucissement ゙, s'appelle *nigori,* 濁, ce qui veut dire *impur.*

*ga, gu, go,* se prononcent comme *ga, gou, go.*

*gi* et *ge* ont toujours le son dur de *gui* et *gué.*

— Dans l'ouest du Japon, le *g* est franchement la gutturale sonore ; à Tôkyô et dans l'est, il devient un peu nasal (*ng*).

Exemples :

| | | | | |
|---|---|---|---|---|
| *kage,* | 影, | l'ombre, | se prononce | *ka ngué* ou *kagué* |
| *hutago,* | 孖, | les jumeaux | „ | *fŭta ngo* ou *fŭta go* |

**5.** *sa, su, se, so* se prononcent régulièrement.

— *Si* a, de même, approximativement, une prononciation

moyenne entre le français *si* et l'allemand *chi* (dans *China*) ; il n'est jamais équivalent à l'anglais *shi*, dont on se sert souvent pour le transcrire. Ainsi *isi*, 石, *la pierre*, se prononcera entre français *ici* et allemand *ichi*, mais jamais : anglais *ishi*, allemand *ischi*.

— Avec le nigori, on a la série sonore *za, zi, zu, ze, zo*.

— A Tôkyô, *zi* et *zu* se confondent presque avec *di* et *du*, qui appartiennent à la série des dentales ; ainsi on prononcera de même :

> *huzi*, 不二, le Fuziyama  
> *hudi*, 藤, la glycine  
> } prononcez *foudchi*,

en prenant *ch* pour le *ch* allemand indiqué plus haut et en l'adoucissant ;

> *mizu*, 見ズ, ne pas voir  
> *midu*, 水, de l'eau  
> } prononcez *midzou*.

Mais dans l'Ouest, on fait la distinction de *huzi* (pron : *fouzi*) et *hudi* (pron : *foudchi*) de *mizu* (pron : *mizou*) et *midu* (pron : *midzou*).

— *Si* et *zi* en se combinant avec les syllabes *ya, yu, yo* donnent *siya, siyu, siyo*, qui se prononcent *cha, chou, cho* en mouillant un peu le *ch*, et *ziya, ziyu, ziyo*, qui se prononcent *dja, djou, djo* en mouillant un peu le *dj*.

Exemples :

| | | | |
|---|---|---|---|
| *ba siya*, | 馬車, voiture | *ziya ma*, | 邪魔, empêchement |
| *siyu zin*, | 主人, le maître | *ziyun ziyo*, | 順序, ordre, ordonnance |
| *siyo motu*, | 書物, un livre | *ziyo bun*, | 序文, préface |

— Pour la prononciation des combinaisons *seu* et *zeu*, on n'a qu'à décomposer *e* en ses éléments *i + a* : on trouve *siau, ziau*, qui se prononcent *chó* et *djó*.

Exemples :

> *seu doku* 消毒, contre-poison, prononcez *chô dokŏu*.

**6.** *ta, ti, tu, te, to* ont une prononciation un peu spéciale : on doit appliquer fortement la langue contre les dents supérieures, de sorte qu'avec *i* et *u* on obtient un sifflement qui n'existe pas dans la dentale française. Ainsi :

> *tuti,* 土, terre, se prononce *tsoutchi*, en donnant à *ch* la valeur du *ch* allemand comme plus haut.

— La série sonore *da, di, du, de, do* se prononce d'après le même principe. On dira donc :

> *di nusi,* 地主, maître d'une terre : pron. *dchi nousi* (même valeur pour le *ch*).
>
> *du kin,* 頭巾, coiffure de femme ; pron. *dzou kin*.

— Les dentales, en se combinant avec les syllabes *ya, yu, yo*, donnent *tiya, tiyu (tiu), tiyo* qui se prononcent *tcha, tchou, tcho* en mouillant un peu le *ch*, et *diya, diyu (diu), diyo* qui se prononcent *dja, djou, djo* en mouillant un peu le *dj*.

Exemples :

| | | | | | |
|---|---|---|---|---|---|
| *tiya,* | 茶, | du thé | *diyo tiyu,* | 女中, | femme, servante |
| *tiyu,* | 忠, | loyauté | *diyu dai,* | 重大, | considérable |
| *tiyokunin,* | 勅任, | fonction conférée par décret impérial. | | | |

— *Teu* et *deu* se prononcent comme *tiau* et *diau*, c'est-à-dire *tchô, djó*.

Exemples :

> *miyau teu,* 明朝, demain matin ; pron : *myó tchô*
>
> *deu,* 條, un article ; pron : *djô*

— *Tu* devant une lettre dure s'assimile très fréquemment.

Exemple :

> *yatupari,* 仍, aussi, de même ; pron : *yappari*

**7.** *Na, ni, nu, ne, no* se prononcent régulièrement.

**8.** La série labiale est tout à fait spéciale au japonais : les dures *ha, hi, hu, he, ho* renferment une forte aspiration analogue à *h* allemand ; *hu* se prononce souvent à peu près comme *fou ; hi* est sifflant et ressemble parfois à *si*.

— *ha* après une voyelle et dans quelques autres cas, devient presque *wa ;*

Exemples :

    *ha,* 羽, une plume, particule numérale des oiseaux, se prononce *wa*

    *kaha,* 川, un fleuve, prononcez *kawa*

    *ha,* 者, (particule enclitique), prononcez *wa*

— *he,* après une voyelle se prononce *yé.*

Exemple :

    *ihe,* 家, une maison, prononcez *iyé*

— Lorsque *hi, hu, ho* suivent une voyelle, l'aspiration disparaît et *i, u, o* se contractent avec la voyelle qui précède ; parfois, dans les verbes, les deux voyelles sont prononcées séparément.

Exemples :

    *ahi,* 相, mutuellement, prononcez *aï* (diphthongue)

    *arasohu,* 爭フ, disputer    „    *arasó* ou *arasoou*

    *ohoki,* 大, grand    „    *óki*

— Notez aussi les mots suivants, dont la prononciation s'explique facilement par la valeur phonétique de la lettre *e*.

    *wehu,* 酔, enivrer,    prononcez *yó (eu)*

    *dehu,* 盞, (particule numérale)    „    *djó (deu)*

— Les labiales sonores *ba, bi, bu, be, bo,* se forment à l'aide du *nigori,* et ne donnent lieu à aucune remarque spéciale, non plus que les nasales *ma, mi, mu, me, mo.*

— Les labiales *ha, hi,* etc. sont seules susceptibles de recevoir le demi-nigori, *han nigori,* 半濁 ; on obtient ainsi la série :

バ,　ピ,　プ,　ペ,　ポ.
*pa,　pi,　pu,　pe,　po.*

**9.** La série *ya, yu, yo,* se prononce régulièrement : quand une de ces syllabes est précédée d'un *i,* il faut distinguer les cas où il subsiste deux syllabes, ce qui arrive dans les mots purement japonais (*miya,* 宮, un palais, pron. *mi ya,*), des cas où les deux syllabes se confondent, ce qui a lieu dans les mots d'origine chinoise (*miyaku,* 脈, une veine, pron. *miakou*) ; l'orthographe n'établit aucune différence entre ces deux cas.

**10.** Dans la série *ra, ri, ru, re, ro,* la lettre *r* est prononcée très faiblement du bout de la langue ; elle n'est nullement aspirée, ni prononcée de la gorge.

**11.** *wa* est prononcé comme *oua ;* il est souvent confondu avec *ha* dont l'écriture doit le distinguer. Dans les combinaisons où il est précédé d'un *u,* tantôt, dans les mots japonais, il subsiste deux syllabes ; tantôt, dans les mots chinois d'origine, les deux syllabes se fondent ; dans ce dernier cas, la prononciation de Tôkyô va jusqu'à supprimer complètement les lettres *u* et *w.*

Exemples :

*wa,*　輪, une roue, une bague ; prononcez *oua*
*kuwa,*　桑, mûrier ;　　　　　　　„　*koŭ oua*
　　　　　　(l'orthographe correcte est *kuha,*)
*kuwan,*　官, officiel ; prononcez *kouan* (à Tôkyô : *kan*)
*guwai,*　外, extérieur　　„　*gouaï* (à Tôkyô : *gaï*)

— *wi* et *we* se prononcent comme *i* et *e*; cette dernière lettre développe souvent devant elle le son *y*, comme *e* proprement dit.

Exemples :

> *wiru,* 居, être, demeurer ;  prononcez  *irou*
> *kowe,* 聲, un son ;            „         *koé* ou *koyé*

La distinction entre *i* et *wi, e* et *we,* n'est plus aujourd'hui qu'étymologique et la plupart des Japonais n'y font pas attention.

— *wo* se prononce tantôt *ouo*, tantôt *o* ; il est souvent confondu avec le véritable *o*.

Exemples :

> *wo,*  ヲ,  (particule)     prononcez  *ouo*
> *woru,* 居, être, demeurer ;     „       *orou*

**12.** *n* finale a un son intermédiaire entre *n* sonore et *n* nasale française.

Exemple :

> *san,* 三, *trois :* la prononciation est entre *sane* et *san.*

— *n* devant les labiales (*b, p, m*) se prononce *m :*

> *kwan hau,* 官報, journal officiel, prononcez  *kampó*

— *n* devant les gutturales (*k, g*) se prononce *ng :*

> *kinkan.* 金柑, sorte d'orange, prononcez  *kingkan*

**13.** Il est nécessaire de prononcer nettement les consonnes doubles :

Exemples :

> *amma,* 按摩, un masseur,  prononcez  *amma*
> à distinguer de *ama,* 尼, une religieuse bouddhiste.
> *wotuto,* 良人, le mari. prononcez  *otto*
> à distinguer de *oto,* 音, un son.

— Il faut aussi séparer distinctement les syllabes pour éviter de confondre des mots analogues.

Exemples :

ge nan, 下男, un domestique, à distinguer de gen an, 原案, l'original, le texte.

ge nin, 下人, un homme de basse classe, à distinguer de gen in, 原因, la cause.

ka nahu (ka nó) 嘉納, recevoir avec plaisir, à distinguer de kan ou ou kan wou (kan ô) 感應, reconnaître un service.


## III.—MUTATIONS DE LETTRES.

**14.** Dans les mots composés, la consonne sonore remplace la sourde en tête du second terme.

Exemples :

kigahe, 著替, changement de vêtements ; formé des radicaux ki et kahe

sama zama, 樣樣, de toutes façons ; formé de sama répété

waurai dome, 往來留, on ne passe pas ; formé de waurai et du radical tome

hibati, 火鉢, un braséro ; formé de hi et hati

Cette loi n'est pas absolue ; ainsi l'on dit :

kaki tome,          書留, récépissé (d'une lettre recommandée)

Ohosaka ou Ohozaka, 大阪, Ôzaka (nom de ville)

— On n'aime pas que deux syllabes de suite débutent par une consonne sonore ; ainsi l'on dira kazakami, 風上, direction du vent, et jamais kazagami.

— Dans les composés de mots chinois, la labiale h après n, se transforme en p, et n prend elle-même le son de m.

Exemples :

ziyun huu, 順風, vent favorable, formé de ziyun et huu prononcez djoumpoú

kuwan hau, 官報, journal officiel, formé de kuwan et hau prononcez kampó

**15.** A Tôkyô, on redouble fréquemment certaines consonnes.

Exemples:

| | | | | |
|---|---|---|---|---|
| *mina,* | 皆, | tous, | se prononce | *minna* |
| *tokuri,* | 徳利, | un flacon, | „ | *tokkuri* |

— *h* se redouble en *pp.*

| | | | |
|---|---|---|---|
| *yohodo,* | 餘程, | beaucoup, se dit | *yoppodo* |

— Si l'on écrit de tels mots en caractères syllabiques, le redoublement de la nasale se fait au moyen de l'*n* finale ; celui des sourdes s'indique à l'aide de la syllabe *tu* ; ainsi, les mots ci-dessus s'écriraient :

| | |
|---|---|
| ミ ン ナ, | *minna* |
| ト ッ ク リ, | *totukuri* |
| ヨ ツ ポ ド, | *yotupodo* |

**16.** Différentes voyelles se transforment en *a*, à la fin d'un mot qui est le premier élément d'un composé.

Exemples:

| | | | |
|---|---|---|---|
| *kazakami,* | 風上, | la direction du vent, | de *kaze* et *kami* |
| *sakaya,* | 酒屋, | un cabaret, | de *sake* et *ya* |
| *siraga,* | 白髮, | des cheveux blancs, | de *siro* et *ke* |

**17.** De fréquents changements phonétiques se produisent dans les mots chinois qui forment des expressions composées ; je donne d'abord les plus importants, qui affectent les noms de nombre et les particules numérales.

Exemples:

*k.*

| | | | | | |
|---|---|---|---|---|---|
| *itukin,* | 一斤, | une livre,[1] | se prononce *ikkin* | et remplace | *iti kin* |
| *sangin,* | 三斤, | trois livres, | „ *sangin* | „ | *san kin* |
| *rokukin,* | 六斤, | six livres, | „ *rokkin* | „ | *roku kin* |
| *zitukin,* | 十斤, | dix livres, | „ *zikkin* | „ | *zihu kin* |
| *hiyakukin,* | 百斤, | cent livres, | „ *hyakkin* | „ | *hiyaku kin* |
| *sen gin,* | 千斤, | mille livres, | „ *sengin* | ., | *sen kin* |

[1] mesure de poids.

### s.

| | | | | | | |
|---|---|---|---|---|---|---|
| *itusou,* | 一艘, un (bateau) | se prononce | *issô* | et remplace | *iti sou* | |
| *sanzou,* | 三艘, trois (bateaux) | ,, | *sanzô* | ,, | *san sou* | |
| *sansatu,* | 三册, trois (volumes) | ,, | *sansatsoŭ* | ,, | *san satu* (sans mutation) | |
| *hatusou,* | 八艘, huit (bateaux) | ,, | *hassô* | ,, | *hati sou* | |
| *zitusòu,* | 十艘, dix (bateaux) | ,, | *zissô* | ,, | *zihu sou* | |
| *senzou,* | 千艘, mille (bateaux) | ,, | *senzô* | ,, | *sen sou* | |
| *sensatu,* | 千册, mille (volumes) | ,, | *sensatsoŭ* | ,, | *sen satu* (sans mutation) | |

### siy.

| | | | | | |
|---|---|---|---|---|---|
| *itusiyaku,* | 一尺, un pied | se prononce | *ichchakoŭ* | et remplace | *iti siyaku* |
| *hatusiyaku,* | 八尺, huit pieds | ,, | *hachchakoŭ* | ,, | *hati siyaku* |
| *zitusiyaku,** | 十尺, dix pieds | ,, | *zichchakoŭ* | ,, | *zihu siyaku* |

### t.

| | | | | | |
|---|---|---|---|---|---|
| *ituteki,* | 一滴, une goutte | se prononce | *ittéki* | et remplace | *iti teki* |
| *hatuteki,* | 八滴, huit gouttes | ,, | *hattéki* | ,, | *hati teki* |
| *zitu teki,* | 十滴, dix gouttes | ,, | *zittéki* | ,, | *zihu teki* |

### tiy.

| | | | | | |
|---|---|---|---|---|---|
| *itutiyau,* | 一町, un tchô† | se prononce | *ittchô* | et remplace | *iti tiyau* |
| *hatutiyau,* | 八町, huit tchô | ,, | *hattchô* | ,, | *hati tiyau* |
| *zitutiyau,* | 十町, dix tchô | ,, | *zittchô* | ,, | *zihu tiyau* |

### h.

| | | | | | |
|---|---|---|---|---|---|
| *itupun,* | 一分, une minute | se prononce | *ippoun* | et remplace | *iti hun* |
| *itupon,* | 一本, un volume | ,, | *ippon* | ,, | *iti hon* |
| *sanpun,* | 三分, trois minutes | ,, | *sampoun* | ,, | *san hun* |
| *sanbon,* | 三本, trois volumes | ,, | *sambon* | ,, | *san hon* |
| *rokupun,* | 六分, six minutes | ,, | *roppoun* | ,, | *roku hun* |
| *rokupon,* | 六本, six volumes | ,, | *roppon* | ,, | *roku hon* |
| *zitupun,* | 十分, dix minutes | ,, | *zippoun* | ,, | *zihu hun* |
| *zitupon,* | 十本, dix volumes | ,, | *zippon* | ,, | *zihu hon* |
| *hiyakupun,** | 百分, cent miuutes | ,, | *hyappoun* | ,, | *hiyaku hun* |
| *hiyakupon,* | 百本, cent volumes | ,, | *hyappon* | ,, | *hiyaku hon* |
| *senpun,** | 千分, mille minutes | ,, | *sempoun* | ,, | *sen hun* |
| *senbon,* | 千本, mille volumes | ,, | *sembon* | ,, | *sen hon* |

† mesure de superficie.
* inusités.

### m.

sanmai, 三枚, trois (feuilles) se prononce sammai et remplace san mai

senmai, 千枚, mille (feuilles) „ semmai „ sen mai

Remarquez que ces mutations ne se produisent qu'avec les sourdes et avec la nasale *m*, et aussi qu'elles n'ont pas lieu avec les autres noms de nombre ; on dit par exemple :

| | | | | | |
|---|---|---|---|---|---|
| iti mai, | 一枚, une (feuille) | | ni hun, | 二分, deux minutes |
| san tiyau, | 三町, trois tchô | | roku siyaku, | 六尺, six pieds |
| sitikin, | 七斤, sept livres | | hati hon, | 八本, huit tiges |
| zihu mai, | 十枚, dix feuilles | | hiyaku satu, | 百册, cent volumes |
| sen teki, | 千滴, mille goûttes | | | - |

— Les changements des autres mots composés tirés du chinois, suivent les mêmes règles :

Exemples :

zituken, 篔檢, une enquête, se prononce zikken

zatusi, 雜誌, revue, „ zassi

Nituhon, 日本, le Japon, „ Nippon et aussi Nihon

# II<sup>e</sup> PARTIE.

## DU NOM (名 *NA*).

———

A l'imitation des grammairiens indigènes, je répartis les mots japonais en trois classes : 1°, *mots invariables* ou *noms*, **na** 名 ; 2°, *mots variables* ou *verbes*, **kotoba**, 詞 ; 3°, *particules*, **teniwoha**, テ ニ ヲ ハ.

### I.—Substantif.

**18.** Le nom désigne les personnes, les choses, les idées ; il est indéclinable et n'a par lui-même ni genre ni nombre.

Exemples : *hito*, 人, *homme*, veut dire un ou des êtres appartenant à l'espèce humaine, sans distinction de sexe ni d'âge (homme, femme, enfant).

*Uma*, 馬, *cheval*, indique un nombre quelconque de chevaux, étalons, juments, coursiers, cavales ou poulains.

Quelques mots spéciaux ont, par leur sens même, un genre :

| | | | | | |
|---|---|---|---|---|---|
| *titi*, | 父 | *père* | *haha*, | 母, | *mère* |
| *ototosan*, | おととさん, | *papa* | *okakasan*, | おかかさん, | *maman* |
| *didi*, *odiisan*} | 祖父, | *grand'père* | *baba*, *obaasan*,} | 祖母, | *grand'mère* |
| *wodi*, | 叔父, | *oncle* | *woba*, | 叔母, | *tante* |
| *ani*, | 兄, | *frère aîné* | *ane*, | 姉, | *sœur aînée* |
| *otouto*, | 弟, | *frère cadet* | *imouto*, | 妹, | *sœur cadette*, etc. |

II.—DIVERSES SORTES DE SUBSTANTIFS.

**19.** Beaucoup de noms, surtout des noms d'objets, des noms indiquant des relations simples de temps, de lieu, de société, sont des racines, ou peuvent, dans l'état actuel de la langue, être regardés comme des racines.

Exemples :

| | | | | | | |
|---|---|---|---|---|---|---|
| *uma,* | 馬, | *cheval* | *tori,* | 鳥, | *oiseau* | |
| *ki,* | 木, | *bois* | *kusa,* | 草, | *herbe* | |
| *ta,* | 田, | *rizière* | *ihe.* | 家, | *maison* | |
| *ame,* | 雨, | *pluie* | *hosi,* | 星, | *étoile* | |
| *udi,* | 氏, | *famille, clan* | *kuni,* | 國, | *province, royaume* | |
| *toki,* | 時, | *temps* | *tokoro,* | 處, | *lieu* | |
| *uhe,* | 上, | *dessus* | *sita,* | 下, | *dessous* | |

**20.** Les expressions formées d'un ou deux mots chinois peuvent aussi être traitées comme des substantifs-racines.

Exemples :

| | | |
|---|---|---|
| *wau ziyau,* | 王城, | *la capitale* (p. ex. de la Corée) |
| *en setu.* | 演說, | *un discours* |
| *i gaku,* | 醫學, | *la médecine* |

**21.** De même, les expressions mi-chinoises mi-japonaises sont des substantifs, si la partie chinoise est la seconde, ou si la partie japonaise, placée la seconde, est elle-même un substantif.

Exemples :

*diyuu bako,* 重箱, *jeu de bôtes rentrant les unes dans les autres :* le mot japonais *bako* est un substantif.

*oboe tiyau,* 覺帳, *un carnet de notes :* *tiyau* est un mot chinois.

— Si le mot japonais se trouve le second et est un verbe, l'expression tout entière rentrera dans la classe des verbes, par ex. *aisuru,* 愛スル, *aimer.*

**22.** Un grand nombre de formes verbales peuvent jouer le rôle de substantifs, comme font en français les participes : ce sujet sera traité à propos du verbe et je ne citerai ici que deux sortes de formes qui, par leur sens et leur rôle, se rapprochent davantage des véritables substantifs : elles sont comme eux indéclinables et dépourvues de genre et de nombre.

Ces formes sont : 1° des radicaux de verbes d'état, tantôt pris tels quels, tantôt légèrement modifiés ; 2° des formes indéfinies de verbes d'action.

Exemples :

1°  *aka,*  赤, *le rouge,*  *ake,*  朱, *le vermillon*
    *taka,*  高, *la hauteur*  *take,*  長, *la stature, la mesure*
    *id,*  額, *le montant du revenu, de la dépense*

2°  *akinahi,*  商, *le commerce.*
    *tatami,*  疊, *une natte ( japonaise, sorte de matelas)*
    *hori,*  堀, *un canal*

— A la même catégorie, appartiennent les substantifs en *mi* formés de racines de verbes d'état : ils ne sont autres que les formes indéfinies de verbes en *mu* peu usités.

Exemples :
*akami,*  赤ミ, *la rougeur, un soupçon de rouge* (verbe *akamu,* de *aka*)
*umami,*  甘ミ, *la douceur, un soupçon de goût sucré* (verbe *umamu,* de *uma*)

**23.** D'autres substantifs sont tirés de racines de verbes d'état, ou d'autres racines, en y agglutinant les terminaisons *sa, ka, yaka,* etc.

Exemples :

      *sirosa,*  白サ, *le degré de blancheur*
      *sidukasa,*  靜, *le calme*
      *odayakasa,*  穩, *la sérénité*

**24.** Les noms composés sont très nombreux, ils sont régis par la loi générale du japonais qui veut que le déterminatif précède le déterminé.

On peut les diviser en plusieurs catégories :

**a. Composés de deux substantifs, soit coordonnés par adjonction ou par opposition, soit subordonnés.**

Exemples :

adjonction :

*ani otouto,* 兄弟, *les frères* (m. à m. *l'aîné et le cadet*)

*tuki hi,* 月日, *le temps* (m. à m. *mois et jour*)

opposition :

*aru nasi,* 有ル無シ, *la question de l'existence d'une chose* (m. à m. *être ou ne pas être*)

*yosi asi,* 好シ悪シ, *la qualité* (m. à m. *être bon ou être mauvais*)

subordination :

*te bukuro,* 手袋, *un gant* (m. à m. *un sac à main*)

*hon ya,* 本屋, *une librairie* (m. à m. *une boutique de livres*)

**b. Composés d'un substantif et d'un verbe d'état.**

Exemples :

substantif déterminé par un qualificatif :

*akagane,* 銅, *du cuivre* (m. à m. *du métal rouge*)

*kurombo,* 黒人, *un nègre* (m. à m. *un homme noir*)

verbe d'état pris substantivement et déterminé par un substantif :

*mekura,* 盲, *un aveugle* (m. à m. *celui qui est obscur des yeux*)

**c. Composés d'un substantif et d'un verbe d'action.**

Exemples :

substantif déterminé par un qualificatif :

*norimono.* 乗物, *une chaise à porteurs* (m. à m. *un objet où l'on monte*)

*yakedo,* 火傷, *une brûlure* (m. à m. *un endroit brûlé*)

verbe d'action pris substantivement et déterminé par un substantif :

*miduire,* 水入, *un vase à eau* (m. à m. *ce qui contient de l'eau*)

*kitiyahi.* 狂氣, *un lunatique* (m. à m. *celui qui est différent d'esprit*)

**d. Composés de deux verbes.**

Exemples :

verbe d'état et verbe d'action :

*naga iki,* 長壽, *longévité* (m. à m. *longue vie*)

deux verbes d'action :

*hikidasi,* 引出, *un tiroir* (m. à m. *ce que l'on fait sortir en tirant*)

**25.** Les composés de mots chinois sont soumis à peu près aux mêmes lois ; il faut noter toutefois que, si le composé renferme un verbe et son complément, le verbe, conformément à la syntaxe chinoise, se met le premier.

Exemples :
verbe suivi d'un substantif complément :

*kai san,*   開山, *fondation d'une bonzerie* (m. à m. *ouvrir la montagne*)
*setu puku,*   切腹, *le suicide (hara kiri)* (m. à m. *ouvrir le ventre*)

Dans les composés coordonnés, deux mots de sens contraire éveillent une idée abstraite plus générale.

Exemples :

*en kin,*   遠近, *la distance* (m. à m. *loin près*)
*nan niyo,*   男女, *le sexe* (m. à m. *mâle femelle*)

**26.** Il existe aussi des composés mixtes.

Exemples :

*kana gu,*   金具, *des objets de métal*
*taka tiyau,*   高帳, *registre du revenu*

La première partie du composé est japonaise, la seconde est chinoise (cf. aussi § 21).

## III.—GENRES.—AUGMENTATIFS ET DIMINUTIFS.

**27.** Certains préfixes d'origines diverses entrent en composition avec les substantifs pour former des augmentatifs ou des diminutifs, et aussi pour indiquer le sexe des animaux, lorsque cela est nécessaire à la précision de la phrase.

Les préfixes du masculin sont :

*wo, won* {牡 (pour les quadrupèdes)
*wosu*      雄 (pour les oiseaux)

*wotoko,*   男.

Exemples :
| | | |
|---|---|---|
| *wo usi,* | 牡牛, | *un taureau* |
| *won dori,* | 雄鳥, | *un coq* |

— Les préfixes du féminin sont :

*me, men* {牝 (quadrupèdes)
*mesu*      雌 (oiseaux)

*wonna,*    女.

Exemples :
| | | |
|---|---|---|
| *me inu,* | 牝犬, | *une chienne* |
| *men dori,* | 雌鳥, | *une poule* |

— Augmentatif : *oho* 大.

Exemple :
*oho nezumi,* 大鼠, *un rat (grand, souris)*

Diminutifs : *ko,*
            *wo*  } 小

Exemples :
*ko nezumi,*   小鼠,    *une petite souris*
(à distinguer de *nezumi no ko* qui signifie *le petit d'une souris, un souriceau*)
*wo guruma,*    小車,   *une petite voiture*

## IV.—PRÉFIXES HONORIFIQUES, ETC.

**28.**   On emploie de la même façon les préfixes *o, on, go, mi* qui correspondent tous au caractère 御 : le sens premier du mot est *impérial,* mais il peut se traduire aujourd'hui par *honorable ;* on applique ce mot à tous les objets, toutes les actions ou paroles qui ont rapport à une personne que l'on veut honorer ; par suite de la politesse extrême de la langue japonaise, un interlocuteur use de ce mot pour tout ce qui touche à son interlocuteur.

*O* peut donc souvent se traduire par *votre*, mais ce n'est qu'un sens dérivé, et il pourra aussi signifier *son*, ou *leur ;* la modestie exigée de celui qui parle, ne permet pas d'employer ce préfixe pour la première personne.

— *Mi* est à peu près hors d'usage et ne se trouve guère que dans des expressions toutes faites : *mikado*, 帝, *l'Empereur* (littéralement 御門, *l'Auguste Porte.*) ; *miya*, 宮, *un palais* (littéralement 御屋, *la demeure auguste.*) ; *o mi asi*, 御々足, *vos pieds* (remarquer le double préfixe honorifique).

— Dans le langage habituel, on emploie *o* devant les mots japonais et *go* devant les mots chinois, *go* est la prononciation chinoise du caractère 御 ; mais la distinction est loin d'être absolue.    *On* est une ancienne forme de *o* qui est un peu vieillie.

Exemples :

| | | |
|---|---|---|
| *o kage de*, | 御影デ, | *avec votre protection* |
| *o rusu*, | 御留守, | *votre absence* |
| *o taku*, | 御宅, | *votre maison* |
| *go siyauti*, | 御承知, | *votre consentement* |
| *go motutomo*, | 御尤, | *vous avez raison* |

**29.**   *O* et *go* sont souvent employés d'une manière que l'on pourrait appeler elliptique, quoiqu'il n'y ait pas d'ellipse en japonais.

Exemples :

*go busata*, 御無沙汰, littᵗ. *honorable négligence*, ne veut pas dire *votre* négligence, mais la négligence que j'ai montrée *envers vous ;* de même :

*go burei*, 御無禮, *l'impolitesse* que j'ai commise envers vous.

*o ziyama*, 御邪魔, *l'interruption* que j'ai faite quand vous parliez.

— On suffixe aussi le mot poli *sama,* 樣, avec un sens analogue.

Exemples :

*go kurau sama,* 御苦勞樣, *la peine que vous avez prise,* d'où : *merci.*

*o ki no doku sama,* 御氣の毒樣, *l'ennui que vous éprouvez,* d'où : *j'en suis fâché pour vous.*

*o saki,* 御先, veut dire tantôt : *passez devant,* tantôt *pardonnez-moi de passer devant.*

— Les gens de basse classe emploient *o, go* dans un grand nombre de cas sans intention honorifique bien marquée ; quelques-unes de ces expressions sont même usitées chez les gens bien élevés.

Exemples :

| | | |
|---|---|---|
| *o tiya,* | 御茶, | *du thé* |
| *o bon,* | 御盆, | *un plateau* |
| *o tera,* | 御寺, | *une bonzerie* |
| *o tenki,* | 御天氣, | *le temps qu'il fait* |
| *o yu,* | 御湯, | *de l'eau chaude* |
| *go zen,* | 御膳, | *le repas* |
| *o tuki sama,* | 御月樣, | *la lune* |

— Dans ce dernier exemple, l'idée honorifique est présente : rapprochez *ten tau sama,* 天道樣, *le soleil.*

— On trouve aussi le préfixe *ki,* 貴, *noble,* dans l'expression *ki koku,* 貴國, *votre pays.*

## V.— MOTS COMPOSÉS AVEC *koto* ET *mono*.

**30.** *Koto,* 事, *chose, fait,* et *mono,* 物, *chose, objet,* forment un grand nombre d'expressions composées.

Exemples :

| | | |
|---|---|---|
| *siroi koto,* | 白い事, | *la blancheur, le fait qu'un objet est blanc* |
| *matigatuta koto,* | 間違つた事, | *le fait qu'il y a eu erreur* |
| *atui koto,* | 熱い事, | *la chaleur,* et aussi dans un sens exclamatif : *quelle chaleur !* |

— *Mono* forme des mots de sens concret :

Exemples :

   *siroi mono,* 白い物, *un objet blanc*

   *oki mono,* 置物, *un objet d'étagère*

Remarquez la différence de cette dernière expression avec *oku mono,* 置物, où les deux mots conservent chacun leur valeur, et qui veut dire : *l'objet que l'on pose.*

Notez aussi la différence entre *onazi koto,* 同じ事, *la même chose, un objet de même nature,* et *onazi mono,* 同じ物, *le même objet.*

## VI.—NOMBRE.

**31.** Comme je l'ai déjà dit, le substantif japonais ne renferme par lui-même aucune indication de nombre : *hito,* 人, peut signifier *un homme, des hommes, plusieurs hommes, l'homme.*

— Quelques substantifs peuvent former une sorte de pluriel vague, indiquant la généralité, par simple répétition :

Exemples :

   *hito bito,* 人々, *tous les hommes, tout homme*

   *hi bi,* 日々, *tous les jours, chaque jour*

   *iro iro,* 色々, *toutes sortes*

**32.** Une autre sorte de pluriel se forme à l'aide de suffixes qui veulent dire *côté, collectivité, compagnie;* ce pluriel est surtout usité pour les mots qui désignent des personnes; de telles expressions signifient à proprement parler : la compagnie, la collectivité de telles personnes. Ces particules sont, dans l'ordre de politesse croissante :

*ra,* 等, *domo,* 共, *siyu,* 衆, *tati,* 達, *kata,* 方.

Exemples :

   *kurumaya ra,* 車屋ラ, *les traineurs de zinrikcha*

   *wonna domo,* 女ドモ, *les servantes (de ma maison)*

   *wonna siyu,* 女シュ, *les servantes (d'autrui)*

| | | |
|---|---|---|
| *yakunin tati,* | 役人タチ, | *les fonctionnaires* |
| *daizin gata,* | 大臣ガタ, | *les ministres* |

— Le mot *kodomo* 子, veut dire *l'enfant* ou *les enfants*; pour en former le pluriel, on ajoute un second suffixe: *kodomo ra, kodomo siyu.*

**33.** Le pluriel est parfois marqué par un préfixe dans des expressions toutes faites tirées du chinois:

*ban koku,* 萬國, *tous les pays*; *siyo kun,* 諸君, *Messieurs*; *su nen,* 數年, *plusieurs années.*

## VII.—NOMS DE NOMBRE.

**34.** Le substantif japonais n'ayant pas de nombre par lui-même, le singulier est indiqué par le mot *hitotu,* 一ツ, ou *iti,* 一, quand on veut le marquer nettement; le pluriel précisé se forme de même avec les noms de nombre.

Exemples:

| | | |
|---|---|---|
| *hako hitotu,* | 箱一ツ, | *une boîte* |
| *san zi kan,* | 三時間, | *trois heures* |

**35.** Les noms de nombre, comme les autres noms, sont invariables; il en existe deux séries, l'une incomplète, purement japonaise, l'autre complète et qui est d'origine chinoise.

| Caractères | Noms japonais | Noms chinois | Sens |
|---|---|---|---|
| 一 | *hitotu, hito, hi* | *iti, itu* | un |
| 二 | *hutatu, huta, hu* | *ni* | deux |
| 三 | *mitu, mi* | *san* | trois |
| 四 | *yotu, yo* | *si* | quatre |
| 五 | *itutu, itu* | *go* | cinq |
| 六 | *mutu, mu* | *roku* | six |
| 七 | *nanatu, nana* | *siti* | sept |

| Caractères | Noms japonais | Noms chinois | Sens |
|---|---|---|---|
| 八 | *yatu, ya* | *hati* | *huit* |
| 九 | *kokonotu, kokono* | *ku* | *neuf* |
| 十 | *towo* | *zihu, zitu* | *dix* |

à partir de ce point la numération devient purement chinoise.

| Caractères | Noms chinois | Sens |
|---|---|---|
| 十一 | *zihu iti* | *onze* |
| 十二 | *zihu ni* | *douze* |
| 十三 | *zihu san* | *treize* |
| ...... | ............ | ...... |
| 二十 | *ni zihu* | *vingt* |
| 二十一 | *ni zihu iti* | *vingt-et-un* |
| ......... | ............... | ...... |
| 三十 | *san zihu* | *trente* |
| 四十 | *si zihu* | *quarante* |
| ...... | ......... | ...... |
| 一百 | *itu hiyaku* (pron : ippyaku) | *cent* |
| 二百 | *ni hiyaku* | *deux cents* |
| 三百 | *san hiyaku* (pron: sambyaku) | *trois cents* |
| ...... | ............... | ................ |
| 一千 | *itu sen* (pron : issen) | *mille* |
| ...... | ......... | ...... |
| 一萬 | *iti man* | *dix mille* |
| 億 | *oku*     ,, | *cent millions* |
| 兆 | *teu* (peu usité) | *un trillion* |

Exemples :

三百六十五, *san hiyaku roku zihu go, trois cent soixante-cinq*

一千八百九十七, *itu sen hatu hiyaku ku zihu siti, mil huit cent quatre-vingt-dix-sept.*

— On voit que la formation des noms de nombre est très simple : le nom mis devant les dizaines, centaines, etc., multiplie dix, cent, etc. ; ainsi on dira bien : *zihu man,* 十萬, *cent mille; hiyaku man,* 百萬, *un million; sen man,* 千萬, *dix millions;* 十億, *zihu oku, un billion,* etc.

Le nombre plus faible placé après les dizaines, centaines, milliers, s'ajoute aux dizaines, centaines, milliers.

— Au dessus de dix, les noms chinois sont seuls usités ; jusque là, on emploie les noms chinois avec les mots chinois, les noms japonais avec les mots japonais ; mais cette règle n'est pas sans exceptions.

**36.** Pour les noms de nombre japonais, la forme pleine (*hitotu*) se place après le substantif, ou devant lui, mais en intercalant alors la particule du génitif, *no*.

Exemples :

*tutumi mitu*,    包ミ三ツ,    *trois paquets*
*mitu no tutumi*, 三ツの包ミ,        *id.*

— La forme abrégée (*hito*) s'emploie directement devant le nom, et surtout avec des noms de mesure et des mots analogues ; elle forme avec eux, en quelque sorte, des composés.

Exemples :

*huta ban*,        二晩,     *deux nuits*
*hito hako*,        一箱,     *une boîte pleine*
(Comparez *hako hitotu*,    箱一,     *une boîte*)

— La forme courte (*hi, hu*) ne s'emploie qu'en comptant une série d'objets.

**37.** Le mot japonais pour *vingt*, **hatati**, s'est conservé dans le sens de *vingt ans d'âge*.
— On trouve aussi dans quelques expressions, *ti*, *mille* et *yorodu*, dix mille.

Exemples :

*Ti sima*,    干島, *les îles Kouriles (les mille îles)*
*Yorodu ya*,  萬屋, *Aux dix mille (articles)*, enseigne de bazar.

— On évite souvent le mot *quatre* sous sa forme chinoise, *si*, parce qu'il a le même son que le caractère 死, *si*, qui signifie *mourir*. On dira donc **yo nin,** 四人, *quatre hommes ;* **ni zihu yo ban,** 二十四番, *numéro* 24.

—*Nana* remplace **siti,** dont le son, trop voisin de **si,** donne lieu à des confusions.

Exemple :

     *nana zitu sen,*    七十錢,    70 *sen*

— Une heure, 一時, se dit **iti zi, hito toki ;** *itu toki* veut plutôt dire *un moment.*

## VIII.—PARTICULES NUMÉRALES.

**38.** En général, le nom de nombre chinois ne peut accompagner un substantif sans un intermédiaire ; il doit être suivi d'un nom de mesure, ou, lorsqu'il n'est pas question de mesure, d'une particule numérale : ces particules peuvent être comparées aux mots *tête, feuille,* dans les expressions : *deux têtes de bétail, six feuilles de papier.*

Exemples :

| | | |
|---|---|---|
| *iti ri,* | 一里, | *une lieue* |
| *itu kin,* | 一斤, | *une livre* |
| *tera itu ken,* | 寺一軒, ou *itu ken no tera,* 一軒の寺, | *une bonzerie* |
| *wonna roku nin,* | 女六人, ou *roku nin no wonna,* 六人の女, | *six femmes* |

**39.** Les principales particules numérales sont les suivantes :

*ka,* ou *ko,* 個, 箇, 个 ou ヶ, employé pour les durées, les localités, et quand il n'y a pas de particule spéciale ; le premier caractère est plutôt réservé aux individus.

| | | | | |
|---|---|---|---|---|
| *kiyaku,* | 脚, | *(jambe)* | pour les | chaises, tables |
| *ken,* | 軒, | *(bord d'un toit)* | ,, | bâtiments, maisons |
| *kon,* | 献, | *(offrir)* | ,, | coupes de vin |
| *satu,* | 册, | *(volume)* | ,, | volumes d'un ouvrage |
| *siyu,* | 首, | *(tête)* | ,, | pièces de poésie |
| *sou,* | 艘, | *(voile)* | ,, | vaisseaux |

| | | | | |
|---|---|---|---|---|
| *soku*, | 足, | ( *pied*) | | pour les paires de chaussures |
| *dai*, | 臺, | ( *plateforme*) | ,, | zinrikchas, voitures |
| *tiyau*, | 挺, | (*manche*) | ,, | zinrikchas, outils, instruments |
| *tui*, | 對, | (*paire*) | ,, | couples d'objets |
| *tuu*, | 通, | (*ensemble, tout complet*) | ,, | lettres, documents |
| *dehu*, | 疊, | (*épaisseur*) | ,, | nattes (mesure de superficie d'une chambre) |
| *tou*, | 頭, | (*tête*) | ,, | quelques quadrupèdes (chevaux, bestiaux) |
| *nin*, | 人, | (*homme*) | ,, | êtres humains |
| *ha*, | 羽, | ( *plume*) | ,, | oiseaux |

Se prononce souvent *wa* ; les contractions de cette particule avec les noms de nombre sont irrégulières :

| | | | |
|---|---|---|---|
| 一羽, | *iti wa* | 六羽, | *roku pa* (pron. *roppa*) ou *roku wa* |
| 二羽, | *ni wa* | 七羽, | *siti wa* |
| 三羽, | *san ba* (pron. *samba*) | 八羽, | *hati wa* |
| 四羽, | *si wa* | 九羽, | *ku wa* |
| 五羽, | *go wa* | 十羽, | *zitu pa* (pron. *zippa*) |

| | | | |
|---|---|---|---|
| *hai*, | 杯, | (*coupe*) | tasses, verres de liquide |
| *bi*, | 尾, | (*queue*) | poissons |
| *hiki*, | 匹, | (*unité, pièce d'étoffe*) | animaux (sauf les oiseaux) et les pièces d'étoffe (confondu à tort avec 疋, *hiki* qui est propre aux pièces d'étoffe) |
| *bu*, | 部, | (*classe*) | exemplaires d'ouvrages |
| *huku*, | 幅, | (*lé*) | peintures roulées (kakémonos) |
| *huku*, | 服, | ( *prise*) | gorgées de boisson, bouffées de tabac, doses de médecine |
| *hon*, | 本, | (*tige*) | arbres, cannes, éventails, bouteilles |
| *mai*, | 枚, | (*tronc*) | papier, pièces de monnaie, plats, vêtements, tapis |
| *mei*, | 名, | (*nom*) | personnes |
| *men*, | 面, | (*surface*) | miroirs, peintures encadrées |
| *riyau*, | 輛, | (*deux roues*) | voitures traînées par des animaux |

Les particules numérales ci-dessus, à l'exception de *ha*, sont d'origine chinoise et se joignent aux noms de nombre chinois.

**40.** Il existe quelques particules numérales purement japonaises : elles s'emploient avec la forme abrégée des noms de nombre japonais (*hito, huta*) jusqu'à *dix* et avec les noms chinois, sans contraction, au dessus de *dix*.

| | | | |
|---|---|---|---|
| *kumi,* | 組, | *(compagnie)* | séries de personnes ou de choses |
| *tomaya,* *tomai,* | 苫屋, | *(hutte)* | magasins, dépôts d'objets |
| *hasira,* | 柱, | *(colonne)* | divinités sintoïstes |
| *ma,* | 間, | *(espace)* | chambres |
| *mune,* | 棟, | *(faîte d'un toit)* | ailes d'un bâtiment |
| *sudi,* | 筋, | *(ligne)* | cordes, etc. |
| *sorohe,* | 揃, | *(assortiment)* | objets allant ensemble |

— Il faut encore citer le vieux mot *tari,* qui forme les trois mots composés suivants constamment employés.

| | | | |
|---|---|---|---|
| *hitori,* | 一人, | (quelquefois *iti nin*), | *un homme, seul* |
| *hutari,* | 二人, | (ou *ni nin*), | *deux personnes* |
| *yotutari,* | 四人, | (ou *yo nin*), | *quatre personnes* |

— Les substantifs qui n'ont pas de particule appropriée, se mettent avec le nom de nombre japonais jusqu'à *dix ;*

Exemple :

    *tamago hitotu,*   卵一ツ,   *un œuf*

## IX—NOMS DE NOMBRE ORDINAUX, ETC.

**41.** Les nombres ordinaux se forment à l'aide des mots *me,* 目, *ban me,* 番目, placés après le nombre cardinal, ou *dai,* 第, placé avant. Le nombre ordinal se place devant le substantif qu'il détermine, souvent avec la particule du génitif, *no,* entre les deux.

Exemples :

| | | |
|---|---|---|
| *mitu me,* | 三ツ目, | |
| *san ban me,* | 三番目, | *troisième, en troisième* |
| *dai san ban,* | 第三番, | |
| *dai san ban me,* | 第三番目, | |

— Le mot *me*, 目, indiquant le rang peut même se mettre après un substantif précédé d'un nom de nombre ou d'une interrogation numérique.

Exemples:

| | | |
|---|---|---|
| *yotu ka me*, | 四日目, | *le quatrième jour* |
| *go do me*, | 五度目, | *la cinquième fois* |
| *nan tiyau me*, | 何町目, | *la quantième division du quartier* |

— *Demi* se dit *han*, 半, *han bun*, 半分 ; pour les autres nombres fractionnaires, on se sert de *bu*, (corruption de *bun*, 分, *partie*) ; pour les nombres multiplicatifs, on emploie *bai*, 倍.

Exemples:

| | | |
|---|---|---|
| *san bu no ni*, | 三分の二, | *deux tiers* |
| *si bu no iti*, | 四分の一, | *un quart* |
| *bai* ou *ni bai*, | 倍, 二倍, | *double* |
| *san bai*, | 三倍, | *triple* |

**42.** Remarquez aussi les expressions suivantes qui s'expliquent d'elles-mêmes :

| | | |
|---|---|---|
| *ni do* ou *huta tabi*, | 二度, | *deux fois* |
| *san do* ou *mi tabi*, | 三度, | *trois fois* |
| *hutari mahe*, | 二人前, | *portions pour deux* |
| *san nin mahe*, | 三人前, | *portions pour trois* |
| *hitotu dutu*, | 一ツ宛, | *un à la fois, un par un* |
| *ni mai dutu*, | 二枚宛, | *deux feuilles à la fois, deux feuilles par deux feuilles* |
| *dai si ni*, | 第四二, | *en quatrième lieu, 4°* |
| *hutatu mitu*, | 二ツ三ツ, | *deux ou trois* |
| *zihu go roku nin*, | 十五六人, | *quinze ou seize hommes* |
| *go roku zihu ri*, | 五六十里, | *cinquante à soixante lieues* |
| *zihu ni hatu ku*, | 十二八九, | *huit ou neuf sur dix* |
| *hitotu oki*, | 一ツ置キ, | *en mettant un de côté, d'où: un sur deux, alternatif* |

32 DU NOM.

| iti niti oki, | 一日置キ, | tous les deux jours |
| ni wari, | 二割, | 20% |
| ni wari go bu, | 二割五分, | 25% |
| si wari go bu san rin, | 四割五分三厘, | 45,3% |

## X.—MESURES.

**43.** Lorsque l'on parle d'années, de mois, etc., le nombre cardinal a souvent le sens ordinal.

Exemples :

| Mei di ni zihu hati nen, | 明治二十八年, | la 28e année Mei di |
| ni getu, | 二月, | le 2e mois (Février) |

— Les années sont désignées par leur rang à partir du commencement d'une période nommée *nen gau,* 年號 ; la 1ère année du *nen gau,* actuel, *Mei di,* correspond à 1868.

Les mois sont désignés d'après leur rang à partir du commencement de l'année :

| siyau guwatu, | | | 正月, | janvier |
| ni | guwatu (ou getu) | | 二月, | février |
| san | ,, | ,, | 三月, | mars |
| si | ,, | ,, | 四月, | avril |
| go | ,, | ,, | 五月, | mai |
| roku | ,, | ·, | 六月, | juin |
| siti | ,, | ,, | 七月, | juillet |
| hati | ,, | ,, | 八月, | août |
| ku | ,, | ,, | 九月, | septembre |
| zihu | ,, | ,, | 十月, | octobre |
| zihu iti | ,, | ,, | 十一月, | novembre |
| zihu ni | ,, | ,, | 十二月, | décembre |

— Les jours du mois sont appelés de la manière suivante.

| 1er, | 一日, | iti niti | ou 朔日, tuitati |
| 2, | 二日, | hutuka | (pron. foutsoŭka) |
| 3, | 三日, | mituka | ( ,, milka) |
| 4, | 四日, | yotuka | ( ,, yokka) |

| 5, | 五日, | *ituka* | (pron. *itsoŭka*) |
| 6, | 六日, | *muika* | |
| 7, | 七日, | *nanuka* | |
| 8, | 八日, | *yauka* | |
| 9, | 九日, | *kokonoka* | |
| 10, | 十日, | *towoka* | ( „ *tôka*) |
| 11, | 十一日, | *zihu iti niti* | |
| 12, | 十二日, | *zihu ni niti* | |
| 13, | 十三日, | *zihu san niti* | |
| 14, | 十四日, | *zihu yotuka* | ( „ *djouyokka*) |
| 15, | 十五日, | *zihu go niti* | |
| 16, | 十六日, | *zihu roku niti* | |
| 17, | 十七日, | *zihu siti niti* | |
| 18, | 十八日, | *zihu hati niti* | |
| 19, | 十九日, | *zihu ku niti* | |
| 20, | 二十日, | *hatuka* | ( „ *hatsŏuka*) |
| 21, | 二十一日, | *ni zihu iti niti* | |
| 22, | 二十二日, | *ni zihu ni niti* | |
| 23, | 二十三日, | *ni zihu san niti* | |
| 24, | 二十四日, | *ni zihu yotuka* | ( „ *nidjouyokka*) |
| 25, | 二十五日, | *ni zihu go niti* | |
| 26, | 二十六日, | *ni zihu roku niti* | |
| 27, | 二十七日, | *ni zihu siti niti* | |
| 28, | 二十八日, | *ni zihu hati niti* | |
| 29, | 二十九日, | *ni zihu ku niti* | |
| 30, | 三十日, | *san zihu niti* | |
| 31, | 三十一日, | *san zihu iti niti* | |

— Le dernier jour du mois s'appelle aussi **misoka**, 晦日; mais ce mot n'est guère usité depuis l'adoption du calendrier européen; le dernier jour de l'année portait le nom de *oho misoka*, 大晦日, et le 1er janvier se nommait *guwan zitu*, 元日. De même, on appelle *guwan nen*, 元年, la 1ère année d'une période.

— On désigne les heures de la façon suivante :

| 1 *heure*, | 一時, | *iti zi* |
| 1 *heure* 10, | 一時十分, | *iti zi zitu pun* |

| | | |
|---|---|---|
| *trois heures un quart,* | 三時十五分, | *san zi zihu go hun* |
| *midi (ou minuit) et demi,* | 十二時半, | *zihu ni zi han* |
| *onze heures moins un quart,* | 十一時十五分前, | *zihu iti zi zihu go hun mahe* |
| *quatre heures trois quarts,* | 四時四十五分, | *yo zi si zihu go hun* |
| *sept heures,* | 七時, | *siti zi* |

**44.** Pour la durée du temps, on emploie les tournures ci dessous :

| | | |
|---|---|---|
| *une année,* | 一年, | *hito tosi* ou *iti nen;* |
| | 一箇年, | *itu ka nen* (pron: *ikka nen*) |
| *un an* (d'âge), | 一歲, | *itu sai* |
| *trois mois,* | 三月, | *mi tuki* ou *san ka getu,* 三箇月, |
| *quatre jours,* | 四日, | *yotuka* |
| *quinze jours,* | 十五日, | *zihu go niti* |
| *huit heures,* | 八時間, | *hati zi kan* |
| *une demi-heure,* | 半時間, | *han zi kan* |
| *un quart d'heure,* | 十五分, | *zihu go hun* |
| *six heures et demie,* | 六時間半, | *roku zi kan han* |

**45.** Les noms de mesure servent de particule numérale pour les substantifs qui les suivent (§ 38).

— Les mesures de longueur sont les suivantes.

一丈, *iti diyau* va'ant dix pieds (3$^m$,03030)
一尺, *itu siyaku* „ un pied (0$^m$,30303)

Ce pied, qui est le plus usité, s'appelle *kiyoku siyaku,* 曲尺 ; pour les étoffes on se sert du *kuzira siyaku,* 綟尺, qui vaut 0$^m$,37878.

| | | | |
|---|---|---|---|
| 一寸, *itu sun* | = | 0$^{pied}$,1 | (pouce) |
| 一分, *iti bu* | „ | 0,01 | |
| 一釐, *iti rin* | „ | 0,001 | |
| 一毫, *iti gau* | „ | 0,0001 | |
| 一絲, *iti si* | „ | 0,00001 | |
| 一忽, *itu kotu* | „ | 0,000001 | |
| 一間, *itu ken* | „ | 6 pieds | (1$^m$,8181) |

一町,}
一丁,} *itu tiyau*  =  60  *ken*  (109ᵐ,09)

一里, *iti ri*  „  36  *tiyau*  (3927ᵐ) une lieue

— Mesures de superficie

一歩, *itu pu,* appelé aussi 一坪, *hito tubo,* carré d'un *ken* de côté, valant 3ᵐ𐞥,3058 (36 pieds carrés)

一畝, *itu se,* surface de 10 bu (33ᵐ𐞥,058)

一反,}
一段,} *itu tan,* surface de 20 *ken* sur 15, ayant donc 300 *bu,* évaluée 9ᵃʳᵉˢ,9174.

一町, *itu tiyau,* surface de 60 *ken* sur 50, ayant donc 3000 *bu,* évaluée 99ᵃʳᵉˢ,1736

— Mesures de capacité.

一合, *iti gahu* valant  0 litre 1803

一升, *itu siyau*  =  10 *gahu*

一斗, *itu tou*  =  10 *siyau*

一石, *iti goku*  =  10 *tou* (180 litres 3907)

— Poids.

一斤, *itu kin*  =  601ᵍʳᵃᵐᵐᵉˢ,04 (livre)

一匁,}
一文目,} *iti monme*  =  3ᵍʳ,7565

一貫, *itu kuwan* }
一貫目, *itu kuwan me* } = 3756ᵍʳ,5

— Monnaies

一圓, *iti en* un *yen* ou une piastre, valant cent *sen*

一錢, *itu sen* un *sen* (change variable)

一厘, *iti rin* un *rin* (dixième partie du *sen*)


XI.—Divers emplois du nom.

**46.** Le nom japonais équivaut souvent en français à d'autres parties du discours que le substantif: il peut y avoir lieu de le traduire par un adjectif, par un adverbe, par une préposition ou une conjonction, par un verbe.

**a.**

— Si le nom équivaut à un adjectif français, il a en japonais le rôle d'un génitif, d'un déterminatif par position ou de l'attribut du participe *na, étant.*

Exemples :

kin ziyo no hon ya, 近所の本屋, *la librairie voisine* (du voisinage)

mukasi no hito, 昔の人, *un ancien* (un homme d'autrefois)
(génitif.)

Amerika zin, アメリカ人, *un Américain* (un homme d'Amérique)

Nihon go, 日本語, *la langue japonaise*
(déterminatif par position.)

ziyau zu na isiya, 上手ナ醫者, *un médecin habile*

hela na sitate ya, 下手ナ仕立屋, *un tailleur maladroit*
(attribut du participe *na (naru), étant*)

**b.**

**47.** Le nom soit seul, par position, soit accompagné d'une particule, a souvent le rôle d'un adverbe français

Exemples :

baka ni, 馬鹿ニ, *sottement*

maru de, 全デ, *entièrement*

waza to, 態ト, *intentionnellement*

— La plupart des adverbes de temps rentrent dans cette classe

Exemples :

| | | | | | |
|---|---|---|---|---|---|
| mukasi, | 昔, | *autrefois* | ima, | 今, | *maintenant* |
| saki, | 先, | *ouparavant* | ato de, | 跡デ, | *ensuite* |
| hi bi, | 日々, | *chaque jour* | toki doki, | 時々, | *de temps en temps* |
| kon niti,<br>kehu, | 今日, | *aujourd'hui* | saku zitu,<br>kinohu, | 昨日, | *hier* |
| miyau niti,<br>asita,<br>asu, | 明日, | *demain* | kiyo nen, | 去年, | *l'an dernier* |
| | | | hon nen, | 本年, | *cette année* |
| | | | rai nen, | 來年, | *l'an prochain* etc. |

— Beaucoup d'adverbes de lieu sont dans le même cas.

Exemples :

| | | | | | |
|---|---|---|---|---|---|
| uhe, | 上, | en haut | sita, | 下, | en bas |
| naka, | 中, | en dedans | mahe, | 前, | devant etc., |

### c.

**48.** Ces mêmes mots jouent le rôle de nos prépositions, lorsqu'ils suivent un substantif auquel ils sont unis par *no.*

Exemples :

| | | |
|---|---|---|
| *ihe no soto,* | 家の外, | *hors de la maison* |
| *heya no naka,* | 部屋の中, | *dans la chambre* |
| *ki no sita,* | 木の下, | *sous l'arbre* |
| *wi no soba,* | 井の側, | *près du puits* |

Ces mots conservent en tout le rôle de véritables substantifs

### d.

**49.** Employés après un verbe au participe, ils deviennent, au point de vue français, des conjonctions ; dans ce cas, la particule *no* n'est pas employée et le participe est le qualificatif du nom que nous regardons comme la conjonction (cf. §§ 76,77).

Exemples :

| | | |
|---|---|---|
| *kore wo suru uti ni,* | 是ヲスル內ニ, | *tandis que je fais cela* |
| *yomu ahida,* | 讀ム間, | *tandis que je lisais* |
| *kuru toki,* | 來ル時, | *quand il vient* |
| *hito wo yatohu tokoro ha,* | 人ヲ雇フ處ハ, | *quant à louer un homme* |
| *deru tokoro he,* | 出ル所へ, | *quand j'étais sur le point de partir* |

### e.

**50.** Le substantif *hazu,* 筈, *nécessité,* se traduit souvent par *il faut, il devrait.*

Exemple :

*mou kuru hazu da,* モウ來ル筈ダ, *il devrait déjà être ici (être venu)*
Le participe *kuru,* m. à m. venant, qualifie le mot *nécessité.*

**f.**

**51.** Les substantifs d'origine chinoise servent à faire des verbes.

Exemples :

| | | |
|---|---|---|
| *ai suru,* | 愛スル， | *aimer* |
| *an sin suru,* | 安心スル， | *être tranquille* |

## XII.—Noms propres.

**52.** Beaucoup de noms géographiques sont des noms composés facilement explicables en japonais.

Exemples :

| | | |
|---|---|---|
| *Oho kaha,* | 大川， | m. à m. *la grande rivière* |
| *Ko zima,* | 小島， | m. à m. *la petite île* |
| *E ta,* | 江田， | m. à m. *le champ du fleuve* |

**53.** Les noms de famille sont presque toujours des noms de localités.

Exemples :

| | | |
|---|---|---|
| *Wi no uhe,* | 井の上， | m. à m. *au dessus du puits* |
| *Ta naka,* | 田中， | m. à m. *au milieu du champ* |

— Les postnoms sont plus difficiles à expliquer à cause des allusions littéraires ou historiques qu'ils renferment ; on rencontre très fréquemment des postnoms du genre des suivants :

Exemples :

*Ta rau,* 太郎, m. à m. *l'aîné*     *Sabu rau,*     三郎, m. à m. *le troisième*
*Zi rau,* 次郎,     „     *le cadet*     *Matu ta rau,* 松太郎, etc.

— Les femmes sont désignées comme la femme ou la fille de tel ou tel ; leurs postnoms sont souvent tirés d'objets gracieux ; on les fait précéder du mot o, écrit habituellement 於 ou 阿, et suivre du mot *san* ; mais *san* disparaît dans le langage familier.

Exemples :

O *hana san*, 於花樣, (*hana* = *fleur*)

O *haru san*, 於春樣, (*haru* = *printemps*)

**54.** *San,* dont la forme pleine est *sama,* sert de suffixe aux noms propres par politesse ; il est d'un usage beaucoup plus étendu que le *Monsieur* français par lequel on peut souvent le traduire.

*Sama* est très respectueux, *san* s'emploie entre égaux, même dans la conversation familière, et ne disparaît que si l'on veut témoigner quelque mépris.

Exemples :

*Kami sama,* 神樣, *un dieu sintoïste*

*Ten si sama,* 天子樣. *l'Empereur*

*Kou si sama,* 孔子樣, *Confucius*

*Miya sama* ou *miya san,* 宮樣, *un prince de la maison Impériale*

*Itou san.* 伊東樣, *M. Itô*

*Kou si san,* 公使樣, *M. le Ministre* (représentant d'une puissance étrangère)

— En parlant de soi-même, on n'emploie jamais le mot *san.*

— Les jeunes gens entre eux s'appellent aussi *kun,* 君, ainsi : *I tou kun,* 伊東君, M. Itô.

— *Messieurs* se traduit par *mina sama,* 皆樣, ou *siyo kun,* 諸君.

— Pour dire *Madame, Mademoiselle,* la phrase se construit de la façon suivante :

*Oho isi san no oku sama,* 大石樣の奧樣, *M^me Oho isi* (respectueux)

*Oho tera san no o ziyau san,* 大寺樣の御孃樣, *M^lle Oho tera* „

*sitate ya no o kami san,* 仕立屋の御上樣, *la femme du tailleur* (s'emploie pour la classe des petits marchands etc.,)

— En parlant de leurs maîtres, les domestiques, les employés disent : *danna san,* 旦那樣, *Monsieur ; oku san,* 奧樣, *Madame ;* ils emploient les mêmes mots en s'adressant à leurs maîtres.—Le fils de la maison s'appelle *waka danna,* 若旦那, *(le jeune maître).*

## XIII.—Pronoms personnels.

**55.** Les pronoms personnels rentrent dans la classe du nom ; ils sont moins usités en japonais qu'en français, d'une part à cause de la nature impersonnelle du verbe, et aussi parce que l'emploi des honorifiques, dont j'ai déjà dit un mot, donne un moyen très conforme à la politesse japonaise de distinguer les choses relatives à l'humble personnalité que je suis, de celles qui touchent la personne auguste de mon interlocuteur.

Mais les honorifiques ne suffisent pas toujours et l'on a recours, quand la clarté l'exige, aux pronoms personnels.

— Le seul vrai pronom personnel de l'ancienne langue qui se retrouve dans le langage parlé, est *ware,* 我, *moi,* assez peu usité ; son génitif, *waga,* 我ガ, *de moi, mon,* s'entend plus souvent.

*Ore,* que l'on écrit 予, est une corruption de *ware ;* il est vulgaire et la contraction *oraa,* pour *ore va,* l'est encore davantage.

**56.** Les mots employés comme pronoms personnels de la 1ère et de la 2ᵉ personnes sont les suivants.

### 1ère personne.

*watakusi (watasi, wasi* sont vulgaires), 私, *je, moi* (m. à m. *personnalité*) *boku,* 僕, *serviteur* (fort employé par les jeunes gens)

*siyau sei,* 少生, *cadet*

*setu siya,* 拙者, *ma'adroit*

*te mahe,* 手前, mot très humble (m. à m. celui qui est *devant votre main*)

## 2ᵉ **personne.**

*anata,* 彼方, écrit aussi 僴 (contraction de *ano kata, ce côté)* terme poli, équivalent le plus fréquent de *toi* ou *vous.*

*o mahe san,* 御前樣, un peu moins poli

*o mahe,* 御前, encore moins poli

les deux expressions ci-dessus signifient : vous qui êtes *honorablement devant moi.*

*sen sei,* 先生, *aîné, maître,* employé entre gens instruits

*kimi,* 君, *prince,* employé familièrement par les jeunes gens

— Si l'on veut être très poli ou respectueux, on emploie le titre de l'interlocuteur, en le faisant ou non suivre de **san** ou **sama.**

Exemples :

*danna,* 旦那, *danna san,* 旦那樣,

employé par les domestiques s'adressant à leur maître, par les inférieurs qui veulent parler humblement.

*ki ka,* 貴下, un peu moins que *Votre Excellence*

*kaku ka,* 閣下, *Votre Excellence*

*den ka,* 殿下, *Votre Altesse*

*hei ka,* 陛下, *Votre Majesté*

— En langage de tribunal, on dit *sono hau,* 其方.

— Formes hautaines :

*ki sama,* 貴樣, dont l'étymologie indique un mot très poli, n'est plus employé que comme terme insultant envers un inférieur, un domestique pris en faute.

*te mahe,* 手前, pour la 2ᵉ personne, est également impoli.

## 3ᵉ **personne.**

*Danna, danna san, kika* etc., sont aussi appropriés pour la 3ᵉ personne que pour la 2e; *anata*, conformément à son étymologie, est quelquefois pris pour la 3e personne.

Les mots les plus fréquents sont les suivants:

| | | |
|---|---|---|
| *ano o kata,* | 彼御方, | (poli) |
| *ano hito,* | 彼人, | (masculin et féminin) |
| *ano wonna,* | 彼女, | (féminin) |
| *ano wotoko,* | 彼男, | (masculin) |
| *ano wodi san,* | 彼翁樣, | (poli, d'une personne qui est votre aînée) |
| *mukahu,* | 向フ, | (en affaires et en justice) |
| *are,* | 彼, | (impoli) |

}— (moins poli)

— Le français *on*, se rend par l'absence du sujet ou par *hito,* homme, 人.

**57.** Les pronoms personnels, plus que tous les autres noms, prennent les marques du pluriel; on emploie l'un ou l'autre des suffixes suivant le degré de politesse qu'implique lui-même le pronom.

Exemples:

| | | |
|---|---|---|
| 1ère **personne :** | *watakusi domo,* | 私ドモ |
| | *ware ra,* | 我ラ |
| | *boku ra,* | 僕等 |
| | *setu siya domo,* | 拙者ドモ, et *setu siya ra,* 拙者ラ |
| | *oira,* | 予等 (pour *ore ra,* très vulgaire) |
| 2e **personne :** | *anata gata,* | 彼方ガタ |
| | *o mahe (san) gata,* | 御前 (樣) ガタ, et *omahe (san) tati* 御前 (樣) タチ |
| | *sensei gata,* | 先生ガタ |
| | *danna gata,* | 檀那ガタ, et *danna siyu,* 檀那衆 |
| | *kimi tati,* | 君タチ |
| | *kisama tati,* | 貴樣タチ |
| | *te mahe tati ra,* | 手前タチラ |
| 3e **personne :** | *ano o kata gata,* | 彼御方ガタ |
| | *ano hito tati,* | 彼人タチ |
| | *are ra,* | 彼等 |

— Tous les pronoms personnels, étant des noms, suivent exactement la syntaxe des noms.

**58.** Le pronom réfléchi est *zi bun*, 自分, quelquefois *zi sin*, 自身 ; par politesse *go zi bun*, 御自分 ; très souvent on le fait suivre de la postposition *de*, デ.

Exemple :

*zi bun de yutute kure,* 自分デ行ツテクレ, *allez-y vous-même*

— *Onore*, 己, a le même sens, mais est plus rare ; parfois il joue le rôle de pronom de la 2e personne, méprisant.

XIV.—Démonstratifs, interrogatifs.

**59.** Les démonstratifs se divisent en trois séries qui correspondent aux trois personnes : comparez le latin **hic, iste, ille** aux trois racines japonaises *ko, so, a :* ces racines se combinent avec *no*, particule du génitif, avec *yau na*, 樣ナ, *étant de telle manière*, avec *ko*, qui veut dire *lieu*, **ti**, 地, qui a le même sens, et avec divers autres suffixes moins explicables, pour répondre aux différents besoins de la pensée : parmi ces formes, les unes sont réellement des noms et en suivent la syntaxe, les autres se rapprochent des participes.

— La racine interrogative *do* revêt les mêmes formes que les démonstratifs.

(Voyez le tableau ci-contre).

| Formes. | Ceci, hoc | Cela, istud | Cela, illud | Quoi, quid |
|---|---|---|---|---|
| substantive (ceci) | kore, 是 | sore, 夫、其 | are, 彼 | dore, 何 |
| adjecive (ce) | kono, 此 | sono, 其 | ano, 彼 | dono, 何 |
| adverbiale (de cette façon) | kou, コウ | sou, ソウ | aa, アア | dou, ドウ |
| " étant de cette façon | konna, コンナ | sonna, ソンナ | anna, アンナ | donna, ドンナ |
| " | kou ihu, コウ云フ | sou ihu, ソウ云フ | aa ihu, アア云フ | dou ihu, ドウ云フ |
| locative (ici) | koko, 拉、此處 愛 | soko, 其處 | usuko, 彼處 | doko, 何處 |
| locative vague (par ici) | kotira, コチラ | sotira, ソチラ | atira, アチラ | dotira, ドチラ |
| locative avec mouvement (ici) | kokohera, ココヘラ | sokohera, ソコヘラ | asukohera, アスコヘラ | dokohera, ドコヘラ |
| locative (ici) | komata, 此方 (ici) | sonata, 其方 (vous) | anata, 彼方 (vous) | donata, 何方 (qui poli) |

Exemples :

| | | |
|---|---|---|
| *kore ha yorosii*, | 是ハ宜イ, | *ceci est bien* |
| *sono mono ga ii*, | 其物カ好イ, | *cet objet est bon* |
| *konna nedan*, | コンナ直段, | *un prix comme celui-ci* |
| *aa ihu hito*, | アア云フ人, | *un homme de cette sorte-là* |
| *sou sureba*, | ソウスレバ, | *en agissant ainsi, alors* |
| *sono kahari*, | 其代, | *à la place de cela* |
| *asuko ni worimasu*, | 彼處ニ居リマス, | *il demeure là bas* |
| *koko made*, | 爰マデ, | *jusqu'ici* |
| *doko desu*, | 何處デス, | *où-est ce ?* |
| *dono kurai* | 何位, | *à peu près quelle quantité ?* |

**60.** Les autres mots interrogatifs. sont :

— *idure*,  何,  *qui, quoi*

    *dare*,  誰,  *qui*

Ces deux mots sont substantifs et traités comme tels.

— *nani*, ou *nan*,  何,  *quoi, quel*

Tantôt *nan* s'emploie en qualité de substantif et avec les particules que prennent les substantifs ; tantôt il forme des composés : *nan doki*, 何時, *quelle heure ?*; *nani hodo*, 何程, *combien*.

— *iku*,  幾,  *combien*

Ce mot se combine avec *ra : ikura, quelle quantité ?*

               avec *tu : ikutu, quel nombre ?*

et avec les particules numérales—Il peut être rapproché des noms de nombre.

— *itu*,  何時,  *quand*

Même syntaxe que les noms de temps.

— *ikaga*,  如何,  *comment*

S'emploie souvent avec la particule *de*.—Il se combine aussi avec *hodo*, 程, *degré: ikahodo, combien ?*

Exemples :

| | | |
|---|---|---|
| *dare ga kimasita,* | 誰が來マシタ, | *qui est venu?* |
| *nan desu,* | 何デス, | *qu'est-ce?* |
| *itu mawirimasu,* | 何時参リマス, | *quand vient-il?* |
| *nan nen,* | 何年, | *quelle année?* |
| *nan ri hodo,* | 何里程, | *environ combien de lieues?* |
| *iku nin* | 幾人, | *combien d'hommes?* |

**61.** *Tau,* 當, est employé avec certains mots chinois à la place d'un démonstratif.

Exemple :

*tau nen,* 當年, *cette année-là, l'année en question*

— *Hau,* 方, *le côté,* précédé d'un démonstratif, correspond bien au français : *celui-ci, celui-là :*

Exemple :

*kono hau ha ii,* 此方ハ好イ, *c'est celui-ci qui est bon*

**62.** Les interrogatifs suivis de la particule dubitative *ka,* prennent un sens indéfini.

Exemples :

| | | |
|---|---|---|
| *nani ka,* | 何カ, | *quelque chose* |
| *itu ka,* | 何時カ, | *quelquefois* |
| *donata ka miemasita,* | 何方カ見得マシタ, | *quelqu'un est venu* |

— Suivis de *mo,* ou *de mo,* *même,* ils correspondent au français *n'importe qui, n'importe où, quoi que ce soit.*

Exemples :

| | | |
|---|---|---|
| *dare mo,* | 誰モ, | *qui que ce soit* |
| *itu demo,* | 何時デモ, | *n'importe quand* |
| *itu de mo yuki masen,* | 何時デモ行キマセン, | *il n'y va jamais* |
| *nan de mo simasen,* | 何テモシマセン, | *il ne fait rien* |

— *L'un et l'autre* se rend par *dotira mo, riyau hau,* 雨方, *hutari,* 二人 ;

— *L'un l'autre,* (*mutuellement*) par *tagahi ni,* 互二.

Exemples :

*riyau hau tiyotuto kasite kudasai,* 雨方チョット貸シテ下サイ, *veuillez me prêter l'un et l'autre*

*tagahi ni tasuke ahu,* 互二助合フ, *se secourir l'un l'autre*

— *Tous* se rend par *mina,* 皆, ou *nokorazu,* 不殘, mis après le nom.

Exemple :

*kono tegami ha, mina Amerika he yuku no da,* 此手紙ハ皆アメリカヘ行クノダ, *toutes ces lettres sont pour l'Amérique*

**63.** Les pronoms relatifs n'existent pas en japonais, leur place est tenue par les participes (§§ 76—79).

Exemples :

*siru hito,*   知人,   *un homme qui sait* (m. à m. *sachant*)

*wakaranai hito,* 分ラナイ人, *un homme qui ignore* (m. à m. *ignorant*)

— Le mot **tokoro,** 所, *lieu* remplace parfois notre relatif, mais c'est une construction d'origine chinoise, et qui n'ajoute rien à la clarté de la phrase, elle n'est pas très employée.

Exemples :

*kuru tokoro no wonna,* 來ル所の女, } *la femme qui vient*

*kuru wonna,*    來ル女,

# IIIᵉ PARTIE.

## DU VERBE (言 *KOTOBA*).

---

### I.—DEUX CLASSES DE VERBES.

**64.** Le verbe est un mot variable qui à l'aide d'inflexions du radical et d'adjonction de suffixes, exprime les différentes circonstances d'une action ou d'un état ; ces inflexions et ces suffixes forment des temps, des modes, des voix, qui pour ne pas correspondre exactement aux temps, modes et voix du verbe grec ou latin par exemple, sont des variations de sens d'une nature analogue.

Mais le verbe japonais, et en ceci il diffère totalement du verbe des langues indo-européennes, est presque toujours impersonnel : l'action est considérée comme se faisant, l'état comme existant par rapport à une personne ou une chose, et ce n'est pas la personne ou la chose que l'on regarde comme agissant d'une certaine façon, existant dans un certain état. Le français dit : *je lis* ; le japonais dit : *en ce qui me concerne, lecture,* ou encore *lecture de moi.* Le verbe japonais n'a donc généralement pas de sujet ; le fait apparaîtra clairement dans l'étude du verbe et dans celle des particules.

**65.** La première classe de verbes, *verbes d'état*, correspond à peu près à nos adjectifs ; les verbes de la seconde classe, *verbes d'action*, répondent à nos verbes. Les premiers renferment toujours l'affirmation de la qualité qu'ils expriment, sans le secours d'aucun mot analogue au verbe *être* du français : ce ne sont donc pas de simples adjectifs. Les seconds peuvent toujours être mis devant des substantifs et les qualifier, comme font nos participes et nos adjectifs.

Exemples :

| | | | |
|---|---|---|---|
| **verbe d'état** | *yama ga takai.* | 山ガ高イ, | *la montagne est haute* |
| | *takai yama.* | 高イ山, | *une haute montagne* |
| **verbe d'action** | *wakaranu hito,* | 分ラヌ人, | *un homme ignorant…* |
| | *hito ga wakaranu,* | 人ガ分ラヌ, | *l'homme ignore….* |

— De plus, les formes des deux classes de verbes, bien que différentes, sont rigoureusement parallèles. Enfin bien des mots qui sont pour nous des adjectifs, rentrent dans la classe des verbes d'action, et réciproquement.

Il m'a donc semblé préférable d'imiter les grammairiens japonais et de traiter des deux classes de verbes ensemble.

**66.** Les radicaux des verbes de la 1e classe sont presque toujours terminés par une des voyelles *a, i, u, o.*[1]

Ceux des verbes de la 2e classe sont terminés soit par une consonne (1re conjugaison), soit par une des voyelles *e* ou *i* (2e conjugaison).

---

[1] A l'exception de l'adjectif *besi,* 可シ, *pouvoir, devoir,* dont le radical est *be,* et de quelques autres moins usités.

Exemples :

### 1ère classe :

| | | | | | |
|---|---|---|---|---|---|
| aka, | 赤, | radical de | akai, | 赤イ, | être rouge |
| yorosi. | 宜, | " | yorosii, | 宜イ, | être convenable, convenir |
| samu, | 寒, | " | samui, | 寒イ, | être froid |
| siro. | 白, | " | siroi, | 白イ, | être blanc |

### 2e classe :

1ère conjugaison :

| | | | | | |
|---|---|---|---|---|---|
| kik | | " | kiku, | 聞ク, | entendre |
| tug | | " | tugu, | 繼グ, | succéder, être consécutif |
| das | | " | dasu, | 出ス, | faire sortir, tirer |
| but | | " | butu, | 打ツ, | frapper |
| sin | | " | sinuru, | 死ヌル, | mourir |
| omoh, | | " | omohu. | 思フ, | penser |
| yorokob | | " | yorokobu, | 悦ブ, | être joyeux |
| yam | | " | yamu, | 止ム, | cesser |
| nar | | " | naru, | 成ル, | devenir |

2e conjugaison :

| | | | | | |
|---|---|---|---|---|---|
| i | | " | iru, | 射ル, | tirer de l'arc |
| e | | " | eru, | 得ル, | obtenir |

## II.—LES QUATRE BASES.

**67.** Dans l'état actuel de la langue parlée, le verbe se présente sous quatre formes primitives ou bases, qui sont des variations du radical, au même titre que *amo, ama, amem* dans la 1ère conjugaison latine : par là, le verbe japonais est un mot à inflexions, mais là aussi se borne le rôle de l'inflexion. En effet, toutes les nuances de la conjugaison qui ne sont pas exprimées par ces formes, le sont au moyen de suffixes indépendants du radical ; ils ne se fondent avec lui qu'à quelques temps de certains verbes de la 1ère conjugaison, et cela seulement dans la langue parlée, qui marque ainsi une tendance à se rapprocher des langues infléchies.

## 68. TABLEAU DES FORMES DES BASES.

### 1ère classe :

| Radical : | | oka | yorosi | samu | siro |
|---|---|---|---|---|---|
| 1ère base : forme indéfinie | ku | akoku (n) (okau) | yorosiku (yorosiu) | samuku (samuu) | siroku (sirou) |
| 2e base : participe | i | okai | yorosii | samui | siroi |
| 3e base : négatif | ku | akaku | yorosiku | samuku | siroku |
| 4e base : parfait | kere | akakere yorosikere samukere sirokere | | | |

### 2e classe :

#### 1ère conjugaison

| Radical : | | kik | tug | das | but | siu | omoh | yorokob | yam | nar | | 2e conjugaison | i e |
|---|---|---|---|---|---|---|---|---|---|---|---|---|---|
| 1ère base : forme indéfinie | i | kiki | tugi | dasi | buti | siui | omohi | yorokobi | yami | nari | | | i e |
| 2e base : participe | u | kiku | tugu | dasu | butu | siuut | omohu | yorokobu | yamu | naru | ru | iru eru | i e |
| 3e base : négatif | a | kika | tuga | dasa | buta | sina | omoha | yorokoba | yama | nara | | | i e |
| 4e base : parfait | e | kike | tuge | duse | bute | sine2 | omohe | yorokobe | yame | nare | re | ire ere | |

1 Irrégulier au participe — 2 Il existe aussi une base irrégulière sinure

### III.—RADICAL.

**69.** Le radical des verbes d'action n'est qu'une forme supposée, qui ne se rencontre pas. Celui des verbes d'état se trouve quelquefois isolé; il sert surtout en composition.

Exemples:

| | | | |
|---|---|---|---|
| *aka*, | 赤, | *rouge* | } noms de chiens |
| *siro*, | 白, | *blanc* | |

*akagane*, 銅,     *du cuivre* (m. à m. *métal rouge*)

*yosugiru*, 好過ル, *trop bon*   (m. à m. *dépassant en bonté*)

### IV.—FORME INDÉFINIE.

**70.** La forme indéfinie se met à la fin d'une proposition qui ne termine pas la phrase, elle indique donc que le sens n'est pas complet; elle n'implique par elle-même aucune idée de temps ni de mode et doit, pour la traduction, se mettre aux temps et mode de la première forme verbale suivante; sa présence indique une pause correspondant à une virgule ou à un point et virgule.

Cette construction est rarement suivie d'une façon rigoureuse dans la langue courante, qui remplace presque toujours la forme indéfinie par le gérondif; souvent, elle est ouvertement violée.

Exemples:

*yama takaku, kikou samuku, zinka sukunai.* 山高ク，季候寒ク，人家少イ, *les montagnes sont hautes, le climat est froid et les habitations sont rares.*

*osorosii samui.* 恐敷イ寒イ, pour *osorosiku samui,* 恐敷ク寒イ, *effroyablement froid*

*toda sono tatutoki wo tatutobi, kasikoki wo kasikomi, osoru beki wo osoreru hoka nasi,* 但其貴キヲ尊ビ可畏キヲ畏ミ恐ル可キヲ恐レル外無シ, *nous n'avons qu'à honorer leur grandeur, respecter leur majesté et craindre leur pouvoir*

Cette phrase est rédigée dans un style élevé, voyez § 91 la forme qu'elle prendrait dans la langue de tous les jours.

**71.** Quelques applications du principe qui règle l'emploi de l'indéfini, sont restées très fréquentes dans la langue usuelle : dans les verbes composés, qui sont très nombreux, le premier verbe est toujours à cette forme ; un verbe d'état dépendant d'un autre verbe se met à la forme indéfinie et, comme dans ce cas le verbe d'état correspond souvent en français à un adverbe de manière, on a souvent donné à la forme indéfinie le nom de forme adverbiale.

Exemples :

*ari masu.* 有リマス, *il y a*

*kiri korosu.* 切リ殺ス, *tuer avec un couteau, un sabre*

*yoku dekita.* 好ク出來タ, *bien réussi*

*hayaku kuru.* 早ク來ル, *venir vite*

— La forme abrégée en *u* se trouve surtout avec *gozai masu, être, il y a.*

Exemple :

*ano yama ha, takau gozaimasu.* 彼山ハ高ウゴザイマス, *cette montagne est haute.*

La forme en *ku* serait correcte ici, mais on l'entend rarement.


**72.** L'indéfini des verbes de la 2e classe est souvent pris substantivement (§22) : il forme alors soit un nom d'objet, soit un nom verbal qui se construit avec des compléments.

L'indéfini des verbes d'état est plus rarement pris comme nom, il se trouve cependant.

Exemples :

*hori,* 堀, *un canal*

*mono wo kahi ni yuki masita,* 物ヲ買ヒニ行キマシタ, *je suis allé pour acheter des objets*

*huruku yori,* 古クヨリ, *depuis les temps anciens*

— La même forme sert à former des composés avec *mono* (§30).

## V.—PARTICIPE.

**73.** Le participe a deux emplois très distincts : tantôt il se met devant le nom pour le qualifier, tantôt il se place à la fin de la proposition principale, qui est toujours la dernière de la phrase : il est alors précédé souvent de propositions dont le verbe est à l'indéfini ou au gérondif (§70), il correspond à l'indicatif de la phrase française et marque une pause importante, telle que celle marquée par un point.

On peut d'ailleurs toujours le considérer comme étant au présent.

**74.** Employé comme qualificatif, le participe des verbes d'état répond à notre adjectif.

Exemples :

| | | |
|---|---|---|
| *takai yama,* | 高イ山, | *une haute montagne* |
| *samui kaze.* | 寒イ風, | *un vent froid* |

— La forme primitive et classique est en *ki,* mais elle ne s'est conservée dans la langue parlée que pour un petit nombre de mots, *gotoki,* 如キ, *semblable ; beki,* 可キ, *possible, pouvoir, devoir.*

— Mis à la fin de la phrase, ce participe se traduit presque toujours par *est* avec l'adjectif.

Exemples :

| | | |
|---|---|---|
| *yama ga takai,* | 山ガ高イ, | *la montagne est haute* |
| *kaze ha samui,* | 風ハ寒イ, | *le vent est froid* |

Mais une analyse plus attentive nous montre que le sens du participe n'a pas varié, que *ga* est une marque du génitif et *ha* une particule disjonctive, que ces phrases veulent donc dire exactement :

— *la hauteur de la montagne, le froid par rapport au vent.*

Pour l'esprit du Japonais, le simple énoncé de la qualité suffit, et l'affirmation, que nous rendons par *est*, semble chose superflue.

**75.** La même remarque s'applique au participe du verbe d'action.

Exemples :

*yuki ga huru,* 雪ガ降ル, *la neige tombe*

*hito ha kiku,* 人ハ聞ク, *l'homme écoute*

Ces phrases signifient exactement :

— *la tombée de la neige,* le fait *d'écouter par rapport à l'homme.*

**76.** Le participe présent mis devant le nom comme qualificatif et conservant cependant sa nature verbale et ses compléments, remplace la proposition relative des langues européennes. Les autres participes que nous verrons plus bas, ont le même emploi.

Exemples :

*kuru hito,* 來ル人, *l'homme qui vient*

*kita hito,* 來タ人, *l'homme qui est venu*

*kinohu kita hito,* 昨日來タ人, *l'homme qui est venu hier*

*sinakutiya naran koto,* 爲ナクチヤ成ラン事, *une chose nécessaire* (m. à m. *une chose qu'il ne convient pas de ne pas faire* ou *une chose que ne pas faire ne convient pas.*)

*nan sen ni ahi masita sui hu ra,* 難船ニ遭ヒマシタ水夫ラ, *les matelots naufragés* (m. à m. *qui ont rencontré le naufrage*)

*arasi to ihu mono,* 嵐ト云フ物, *ce que l'on appelle typhon* (m. à m. *la chose qui est dite typhon*)

*Hepubaran sen sei no kosiraheta ziten,* ヘプバラン先生の拵ヘタ字典, *le dictionnaire que M. Hepburn a fait*

— Il y a peut être quelque ambiguïté dans cet emploi du participe qui doit être pris tantôt dans un sens actif, tantôt dans un sens passif. Ainsi :

*siranai hito,* 知ラナイ人,

— peut vouloir dire, soit : *une personne qui ne sait pas,* soit : *une personne qui n'est pas connue.*

Mais dans la majorité des cas le contexte ne laisse aucune place au doute.

Exemples :

| | | |
|---|---|---|
| *wakaranai koto,* | 分ラナイ事, | *une chose qui n'est pas comprise* |
| *te ni motute woru mono,* | 手ニ持ツテ居ル物, | *l'objet qui est tenu dans la main* |
| *sumahu toti,* | 住フ土地, | *le lieu où l'on habite* |
| *tau tiyaku sita toki,* | 到着シタ時, | *le moment où l'on est arrivé* |

**77.** Par suite de l'emploi du participe au lieu d'un pronom relatif, les prépositions qui accompagnent ce mot en français, ne sont pas représentées en japonais.

Exemples :

*todi no huruku natuta hon,* 綴の古ク成ツタ本, *le volume dont la reliure est vieille* (m. à m. *le volume devenu vieux de reliure*)

*anata ga o tomari nasatuta yadoya,* 儞が御止マリナサツタ宿屋, *l'auberge où vous êtes descendu* (m. à m. *l'auberge faite station de vous*)

Remarquez qu'ici encore *ga* a la valeur d'une particule de génitif comme dans les exemples des § 74 et 75.

De la même façon, *warui rikutu,* 悪イ理屈, pourra, signifier : *une mauvaise raison,* mais aussi bien, en donnant à *warui* sa valeur verbale, *la raison pour laquelle telle chose est mauvaise.*

**78.** Si plusieurs propositions relatives sont rattachées à un seul substantif, une seule de ces propositions se met au participe et les autres sont à l'indéfini ou au gérondif. Le substantif sujet de la proposition devient un génitif; les substantifs compléments du verbe relatif, conservent le rôle qu'ils auraient dans une autre proposition.

Exemple:

saku nen tomodati ga tomari masite, tai sau ni ki ni iri masita yadoya desu. 昨年朋友が止マリマシテ大層ニ氣ニ入リマシタ宿屋デス, c'est l'auberge où un de mes amis est descendu l'an dernier et dont il a été très content.

— On emploie aussi d'autres tournures.

Exemples:

sen zitu o hanasi no dau gu ya ha. 前日御話の道具屋ハ, le marchand de curiosités dont vous m'avez parlé l'autre jour

watakusi ga Yokohama no ni zitu ban he tanomi masitara, atira kara uke atate yokosi masita boi desu. 私が横濱の二十番ヘ頼ミマシタラ, アチラ カラ受合ツテ ヨコシマシタ ボイデス, c'est un domestique que j'ai eu en m'adressant au n⁰ 20 à Yokohama et qui m'a été garanti là

**79.** A l'imitation du chinois, on insère parfois *tokoro no*, 所の, dans les phrases relatives; mais au point de vue japonais, ce mot est un pléonasme (§63). *Kuru tokoro no hito*, 來ル所の人, *l'homme qui vient*, équivaut exactement à *kuru hito*, 來ル人.

**80.** Il arrive souvent que le participe d'un verbe d'action corresponde à un adjectif français. Ainsi:

*mieru*, 見得ル, apparaissant, visible,—*mieru mono*, 見得ル物, un objet visible.

*hutotuta*, 肥ツタ, engraissé, gras,—*hutotuta hito*, 肥ツタ人, un homme gras.

*dekinai*, 出來ナイ, ne réussissant pas, impossible,—*dekinai koto*, 出來ナイ事, une chose impossible.

Mais la nature réelle des mots *mieru, hutotuta*, etc. ne doit pas être oubliée, si la phrase change de tournure. Si l'on a dit, par exemple,

*kono hito ga hutotuta,* 此人ガ肥ツタ,

Le sens sera : *cet homme a engraissé;* et pour dire : *cet homme est gras,* il faut prendre une périphrase :

*kono hito ga hutotute woru,* 此人ガ肥ツテ居ル.

— Il faut faire également attention à l'analyse exacte d'une expression complexe qui se traduit en français par un seul adjectif. Ainsi :

*tumi no aru hito,* 罪の有ル人,

Signifie : *un homme criminel;* la particule du génitif, *no*, sert ici à marquer la relation des substantifs *tsumi* et *hito;* si la construction change, la relation des deux substantifs n'étant plus la même, *no* sera remplacé par une autre particule.

Ainsi :

*kono hito ha, tumi ga aru* 此人ハ罪ガ有ル, *cet homme est criminel*

*kono hito ha, tumi atute....* 此人ハ罪有ツテ, *cet homme étant criminel....*

Autres exemples:

| | | |
|---|---|---|
| *me no tikai hito.* | 目ノ近イ人, | *un myope* |
| *kono hito ha, me ga tikai,* | 此人ハ目ガ近イ, | *cet homme est myope* |
| *kono hito ha, me ga tikau gozaimasu,* | 此人ハ目ガ近ウ ゴザイマス, | *id.* |
| *siyau diki na hito,* | 正直ナ人, | *un honnête homme* |
| *kono hito ga siyau diki da,* | 此人ガ正直ダ, | *cet homme est honnête* |
| *kono hito ha, siyau diki de...,* | 此人ガ正直デ, | *cet homme étant honnête...* |

Pour les trois derniers exemples cf. § 100.

**81.** Le participe, souvent pris substantivement dans la langue classique, l'est beaucoup plus rarement dans la langue parlée. On aime mieux dire *kasu koto*, 貸ス事, *le prêt*, ou *kasu mono*, 貸ス物, *l'objet prêté*, que *kasu*, 貸ス ;— *yoi koto*. 好イ事, *la bonté*, ou *yoi hito*, 好イ人, *l'homme bon*, que *yoi*. 好イ

— Toutefois, s'il n'y a pas crainte d'amphibologie, on peut employer le participe seul. En parlant de deux objets, l'un rouge, l'autre bleu, on dira

$$\left.\begin{array}{l} \textit{akai mo awoi mo,} \quad 赤イモ青イモ \\ \textit{akai hau mo awoi} \\ \textit{hau mo,} \quad\quad 赤イ方モ青イ方モ \end{array}\right\} \begin{array}{l} \textit{le vert et le bleu,} \\ \textit{tous deux......} \end{array}$$

— Les deux tournures sont équivalentes.

## VI.—Négatif.

**82.** La base négative ne forme jamais un mot par elle-même ; elle sert seulement à attacher les suffixes du futur, de la voix négative, etc.. Son sens est plutôt *incertain* que *négatif* : elle exprime que l'action du verbe n'a pas encore eu lieu ; ainsi s'explique qu'elle serve à la fois pour la voix négative et pour le futur qui est incertain par essence.

— Dans les verbes d'état, le négatif se confond avec la forme indéfinie.

## VII.—Parfait.

**83.** Le parfait, sous la forme simple de la base, n'est employé que dans la langue littéraire : dans la langue parlée, il ne sert plus qu'à attacher des suffixes. Son sens est celui d'une action accomplie.

Le parfait des verbes de la 1ère classe n'est peut-être qu'une contraction irrégulière de l'indéfini avec le parfait de *aru*. 有, *être*.

Exemple :

*akakere* pour *akaku are*

De même, celui des verbes de la 2ᵉ classe est une contraction de l'indéfini avec *aru*, 有, lui-même.

Exemple :

*kike* pour *kiki aru* (d'où *kikeru*, *kike*)

## VIII.—CONCLUSIF.

**84.** La langue classique a une cinquième base, dite conclusive, parce qu'elle joue l'un des rôles dévolus au participe dans la langue parlée : elle se place à la fin de la proposition principale, donc, à la fin de la phrase, et en marque la conclusion ; comme la forme indéfinie, elle n'est d'aucun temps.

On la trouve encore dans quelques cas :

*besi*, 可シ, on peut, on doit ; *yosi*, 好, est bon ; *nasi*, 無シ, n'est pas ;

et aussi dans des locutions emphatiques comme :

*samusa ha, samusi*, 寒サハ寒シ, pour faire froid, il fait froid

— Le conclusif de quelques verbes de la 2ᵉ conjugaison forme avec *mai* le présent incertain négatif, et des composés avec *beki*, 可キ ; mais il peut aussi être remplacé par l'indéfini

Exemples :

*tabe mai*, 食ベマイ　｝ il ne mange peut-être pas
*tabu mai*, 食ブマイ

*deki beki*, 出來ベキ ou デキベキ ｝ possible à réussir
*deku beki*, 出來ベキ ou デクベキ

### Formes de la base conclusive :

**1ʳᵉ classe :** *akasi, yorosi, samusi, sirosi*

Si le radical finit en *si* ou *zi*, la forme conclusive n'ajoute pas *si* afin d'éviter une répétition désagréable de sons.

**2ᵉ classe :**

1ʳᵉ conjugaison : *kiku, tugu, dasu. butu, sinu, omohu, yorokobu, yamu, naru*

2ᵉ conjugaison : *iru, u*

## IX.—PARADIGMES.

**85.** Pour nommer les verbes, on emploie le participe : *akai, dasu. eru,* comme nous disons : *aimer, finir*.

**86.** Le verbe japonais a une voix négative formée à l'aide du suffixe *nu,* 不, qui a lui-même des bases correspondant à celles des verbes :

1 Indéfini *zu*     2 participe *nu*     3 négatif *zu*
4 parfait *ne*     5 conclusif *zu*

La voix négative se forme aussi à l'aide du verbe d'état *nai,* 無イ (*naku, nai (naki, naku, nakere, nasi)*: ce dernier mode de formation est seul usité pour les verbes d'état.

— Les verbes *aru,* 有ル, *être,* et *nai,* 無イ, *n'être pas,* n'ont pas la voix négative ; on trouve toutefois pour le premier les formes *arazu.* 有ラズ, et *arumai,* 有ルマイ.

— Il y a seulement deux conjugaisons négatives, l'une en *nu,* l'autre en *nai*

— Pour la voix affirmative, outre un paradigme de la 1ʳᵉ classe, et un de chaque conjugaison de la 2ᵉ classe, je donne ci-dessous les formes des verbes irréguliers *kuru,* 来, *venir, suru.* 為, *faire,* et *masu,* マス, verbe honorifique (anciennement *être*).

**87, A. VOIX**

| Radical | samu, 寒 | das, 出 |
|---|---|---|
| Impératif | samukare, | dase |
| Participe vraisemblable | samusau na | |
| **1 Indéfini** | samuku | dasi |
| Gérondif | samukute / samukatute (Tôkyô) | dasite |
| Gérondif emphatique | samukute ha / samukutiya | dasite ha / dasitiya |
| Fréquentatif | samukatutari | dasitari |
| Participe passé certain | samukatuta | dasita |
| „ „ incertain | samukatutarau | dasitarau |
| Hypothétique passé | samukatutaraba / samukatutara | dasitaraba / dasitara |
| Concessif passé | samukatutaredomo / samukatutaredo | dasitaredomo / dasitaredo |
| Participe désidératif | | dasitai |
| „ vraisemblable | samusau na | dasisan na |
| **2 Participe présent ou futur certain** | samui | dasu |
| **3 Négatif** | samuku | [dasa] |
| Participe présent ou futur incertain | samukarau | dasau |
| **4 Parfait** | [samukere] | [dase] |
| Conditionnel présent | samukereba | daseba |
| Concessif présent | samukeredomo / samukeredo | dasedomo / dasedo |

AFFIRMATIVE.

| tabe, 食 | k. 來 | s. 爲 | mas, |
|---|---|---|---|
| {tabe ro / tabe yo} | koi (pour ko yo) | {si ro / si yo} | {mase / masi} |
| tabe | ki | si | masi |
| tabete | kite | site | masite |
| {tabete ha / tabettya} | {kite ha / kitiya} | {site ha / sitiya} | {masite ha / masitiya} |
| tabetari | kitari | sitari | masitari |
| tabeta | kita | sita | masita |
| tabetarau | kitarau | sitarau | masitarau |
| {tabetaraba / tabetara} | {kitaraba / kitara} | {sitaraba / sitara} | {masitaraba / masitara} |
| {tabetaredomo / tabetaredo} | {kitaredomo / kitaredo} | {sitaredomo / sitaredo} | {masitaredomo / masitaredo} |
| tabetai | kitai | sitai | [masitai] |
| tabesau na | kisau na | sisau na | [masisau na] |
| taberu | kuru | suru | {masu / masuru (rare)} |
| tabe | [ko] | [se] | [mase] |
| {tabeu (dialectal) / tabeyau} | koyau | {seu (dialectal) / siyau} | maseu |
| [tabere] | [kure] | [sure] | [masure] |
| tabereba | kureba | sureba | masureba |
| {taberedomo / taberedo} | {kuredomo / kuredo} | {suredomo / suredo} | {masuredomo / masuredo} |

**87, B. Voix**

| | |
|---|---|
| **1 Indéfini** | |
| Participe présent ou futur incertain (2ᵉ conj.) | *tabe mai*<br>*ki mai, si mai* |
| Participe désidératif | ............................................. |
| **2 Participe** | |
| Impératif | *dasu na, taberu na* |
| Participe présent ou futur incertain (1ᵉʳᵉ conj.) | *dasu mai*<br>*masu mai* |
| **3 Négatif** | |
| Forme indéfinie | *dasazu, tabezu* |
| Gérondif | *masende* ............................ |
| Gérondif emphatique | |
| Participe présent ou futur certain | *dasanu, tabenu, konu* [1]<br>*senu, masenu* ............ |
| 2ᵉ gérondif | |
| Fréquentatif | *dasanandari, tabenandari* etc...... |
| Participe passé certain | *dasananda, tabenanda, masenanda* |
| Participe passé incertain | *dasanandarau, tabenandarau* ...... |
| Hypothétique passé | *dasanandaraba, tabenandaraba*<br>*dasanandara, tabenandara* |
| Concessif passé | |
| Participe présent ou futur incertain (verbes en *mai*) | ............................ |
| Conditionnel présent | *dasanebu, tabenebu* ............... |
| Concessif présent | *dasanedomo, tabenedomo*<br>*dasanedo, tabenedo* |
| **5 Conclusif** | |
| 2ᵉ participe { présent ou futur incertain } (quelques verbes de la 2ᵉ conj.) | *tabumai* |

[1] souvent la lettre *u* est supprimée: *dasan, masen.*

NÉGATIVE.

......*dasitakunai, tabetakunai*

......*dasanakute, tabenakute*

...... $\begin{cases} \textit{dasanakute ha, tabenakute ha} \\ \textit{dasanakutiya, tabenakutiya} \end{cases}$

......*dasanai, tabenai*

......*dasanai de, tabenai de*

......*dasanakaiutari, tabenakaiutari*

......*dasanakatuta, tabenakatuta*

......*dasanakatutarau, tabenakatutarau*

...... $\begin{cases} \textit{dasanakatutaraba, tabenakatutaraba} \\ \textit{dasanakatutara, tabenakatutara} \end{cases}$

...... $\begin{cases} \textit{dasanakatutaredomo, tabenakatutaredomo} \\ \textit{dasanakatutaredo, tabenakatutaredo} \end{cases}$

......*dasanakarau, tabenakarau*

......*dasanakereba, tabenakereba*

...... $\begin{cases} \textit{dasanakeredomo, tabenakeredomo} \\ \textit{dasanakeredo, tabenakeredo} \end{cases}$

**88.** Dans les verbes de la 1ère conjugaison, la rencontre de la syllabe finale de la forme indéfinie avec la terminaison *te* du gérondif et celles qui en dérivent (gérondif emphatique *tiya,* fréquentatif *tari,* participes passés *ta* et *tarau,* hypothétique passé *taraba, tara,* concessif passé *taredomo, taredo*) amène souvent des modifications phonétiques qu'il faut connaître.

| Participe présent. | Gérondif. | Gérondif emphatique. |
|---|---|---|
| *kiku* | *kiite* | *kiitiya* |
| *tugu* | *tuide* | *tuidiya* |
| *butu* | *butute* | *bututiya* |
| *sinuru* | *sinde* | *sindiya* |
| *omohu* | { *omotute* (Tōkyō) <br> { *omohute* (Kyōto) | { *omotutiya* <br> { *omohutiya* |
| *yorokobu* | *yorokonde* | *yorokondiya* |
| *yamu* | *yande* | *yandiya* |
| *naru* | *natute* | *natutiya* |

## X.—VERBES IRRÉGULIERS.

**89.** Outre *kuru, suru, masu,* dont les paradigmes ont été donnés, il n'existe pas de verbes vraiment irréguliers.

—*Aru,* 有ル, *être,* ou plutôt *y avoir,* se combine avec la postposition *de,* デ, *étant ;* le verbe ainsi obtenu correspond exactement à *être* dans son emploi le plus habituel en français. On trouve pour ce verbe composé les formes de participes suivantes :

Présent certain    *da* (pour *daru*)    Passé certain    *datuta*
Présent incertain *darau*                Passé incertain *datutarau*

—*Gozaru,* 御座ル, forme polie de *aru,* laisse souvent tomber la lettre *r* à la forme indéfinie ; ainsi :

*gozaimasu* pour *gozari masu*

Le même fait se passe pour les formes polies suivantes :

*iratusiyaru*, (pour *iraserareru*), *aller, venir.*

  indéfini : *iratusiyai* (*masu*) impératif : *iratusiyai* et *iratusiyare*

*kudasaru* (pour *kudasareru*), *donner.*

  indéfini : *kudasai* (*masu*) impératif : *kudasai* et *kudasare*

*otusiyaru* (pour *ohuserareru*), *dire.*

  indéfini : *otusiyai* (*masu*) impératif : *otusiyai* et *otusiyare*

*nasaru* (pour *nasareru*), *daigner.*

  indéfini : *nasai* (*masu*) impératif : *nasai* et *nasare*

*kureru, donner* (moins poli que *kudasaru*).

    impératif : *kurei* (pour *kure yo*) et *kure ro*

—On trouve aussi les gérondifs :

           *iratusite*   pour *iratusiyatute*
           *kudasutute*  „    *kudasatute*
           *nasutute*    „    *nasatute*

—Dans le langage familier, *gozai masu* se contracte de différentes façons : *gozasu, gasu, gesu.*

  Précédé de *de,* デ, *étant,* il donne l'équivalent poli des formes *da, darau* indiquées plus haut :

    Présent certain *desu*      Passé certain *desita*
    Présent incertain *desiyau* Passé incertain *desitarau*

—*Yuku,* 行ク, *aller,* prononcé *iku* à Tōkyō, forme son gérondif irrégulièrement :

             *yutute* et *itute.*

Les formes qui en dépendent suivent l'analogie.

—*Sinuru,* 死ヌル, *mourir,* se conjugue comme si le participe était *sinu* (*sini, sina, sine*); il possède aussi un parfait *sinure.*

## XI.—Temps et modes. a. Impératif.

**90.** L'impératif des verbes d'état n'est usité que dans quelques expressions toutes faites (1) :

Exemple : *osokare hayakare,* 遲カレ早カレ, *tôt ou tard*

Comme tous les temps des verbes de cette classe qui se rattachent aux bases indéfinie et négative, sont formés de la base en *ku* et d'un des temps de *aru, être,* de même l'impératif est une contraction de la forme en *ku* et de l'impératif *are.*

—Dans les verbes d'action, l'impératif se rattache plutôt à la racine qu'à aucune base : la 2ᵉ conjugaison emploie la racine même, suivie d'une interjection ; la 1ʳᵉ ajoute *e* à la racine. D'ailleurs ce mode est peu usité, et tenu pour insuffisamment poli, même en parlant à des inférieurs ; on le remplace par l'une des nombreuses formes honorifiques qui seront indiquées plus loin.

—L'impératif pluriel 1ʳᵉ personne du français correspond bien à la locution suivante :

*kou siyau diya nai ka,* コウシヤウヂヤ無イ乎, *faisons ainsi*
(mot à mot, *faisant ainsi, n'est-ce pas ?*)

## XII.—Temps et modes. b. Indéfini, gérondifs.

**91.** J'ai déjà parlé de la forme indéfinie et de son premier emploi qui n'est plus très fréquent (§ 70). Dans la langue parlée, le gérondif la remplace presque toujours dans ce rôle, sans différence appréciable de sens ; le second exemple du § 70 pourrait être mis, dans un style plus simple, sous la forme suivante :

(1) Les remarques sur l'emploi des formes s'appliquent également à l'affirmatif et au négatif.

*tada sono tatutoi tokoro wo tatutonde, sono uyauyasii tokoro wo uyamatute, sono osoreru tokoro wo osoreru yori, hoka ha nai.* 但其貴イ處ヲ尊ンデ其恭イ處ヲ敬ヅテ其恐レル處ヲ恐レルヨリ外ハ無イ, *nous n'avons qu'à honorer leur grandeur, respecter leur majesté, et craindre leur pouvoir*

—Le gérondif emphatique dans sa forme contractée (*tiya*) est familier ; la forme pleine (*te ha*) a absolument le même sens : *ha* appuie sur le gérondif qu'il suit.

L'emploi du gérondif est très fréquent.

Exemples :

*sirasete kudasai.* 知ラセテ下サイ, *veuillez me dire*

*midu wo motute koi.* 水ヲ持ツテ來イ, *apporte de l'eau*

*nakutiya naranai mono,* 無クチヤ成ラナイ物, *un objet indispensable*
(m. à m. *qu'il n'est pas possible de ne pas avoir.*)

Le gérondif a parfois le sens instrumental ; souvent on peut le traduire par : *tellement que.*

Exemples :

*sentaku wo site, kurasi wo tukete wori masu.* 洗濯ヲシテ暮ヲ付ケテ居リマス, *il gagne sa vie en blanchissant du linge*

*hai ga ohokute nerare masen.* 蠅が多クテ寢ラレマセン, *il y a tant de mouches qu'on ne peut dormir*

*kurakute mie masen.* 暗クテ見得マセン, *il fait si noir qu'on n'y voit pas*

Remarquez que le gérondif est formé de la forme indéfinie et de *te,* テ ; cette syllabe est elle-même la forme indéfinie d'une particule variable, qui se trouve dans l'ancienne langue et qui indique l'achèvement de l'action.

## XIII.—TEMPS ET MODES. c. Fréquentatif.

**92.** Cette forme résulte de la contraction du gérondif et de *ari,* conclusif du verbe *être* ; les fréquentatifs s'emploient presque toujours par paires et joints à *suru, faire,* en qualité d'adverbe ; le conclusif répété joue quelquefois aussi le rôle d'un adverbe.

Exemples :

*osoru osoru,* 恐ル恐ル, *en tremblant*

*kitari konakatutari si masu,* 來タリ來ナカツタリ爲マス, *tantôt il vient tantôt il ne vient pas*

*naitari waratutari,* 啼イタリ笑ツタリ, *pleurant et riant*

## XIV. Temps et modes. **d. Désidératif, vraisemblable.**

**93.** Ces participes proviennent tous deux de la forme indéfinie à laquelle on ajoute le suffixe *tai,* 度イ, qui se conjugue comme un verbe d'état (*taku* ou *tau, taki* ou *tai, taku* ou *tau, takere*) pour le premier ; et pour le second, *sau na,* 相ナ, participe qui se rattache à une série de formes dont je parlerai au § 100. Le participe vraisemblable des verbes de la 1ère classe se forme de la racine même. Le sens de ces deux participes n'offre pas de difficulté.

Exemples :

*sono mono wo mitai,* 其物ヲ見度イ, *je désire voir cet objet*

*arisau na koto,* 有リ相ナ事, *une chose vraisemblable*

*arisau mo nai koto,* 有リ相モナイ事, *une chose qui n'est même pas vraisemblable*

*umasau na mono,* 甘サウナモノ, *un objet qui paraît sucré*

Parfois le mot *sau,* 相, *apparence,* reste indépendant et le verbe précédent se met au participe ; le sens de cette locution est voisin de celui du participe vraisemblable.

Exemple :

*tai sau ni ii sau desu,* 大層ニ好イ相デス, *il est très probable que cela est bon*

## XV. Temps et modes. *c.* **Participes présents et passés.**

**94.** J'ai déjà parlé du participe présent certain (base participe) aux §§ 73–81 et j'ai montré le double rôle que, comme les autres participes, il joue dans la phrase, étant tantôt un qualificatif ou relatif, tantôt proprement un verbe qui conclut la proposition principale. Il faut remarquer seulement que le rôle de qualificatif est plus rarement donné aux participes incertains qu'aux participes certains.

Le participe présent ou futur incertain dépend de la base négative : il indique, en effet, une action *non encore accomplie* ou *peut-être non encore accomplie*. Le suffixe *u* (*dasa u*) de la 1$^{\text{ère}}$ conjugaison est la vocalisation d'une ancienne *n*, représentant elle-même la syllabe *mu*, plus ancienne encore ; *mu* était une particule verbale ayant les cinq bases, comme faisait aussi le *te* du gérondif.

—Le participe passé certain résulte de la contraction du gérondif avec le verbe *aru*, avec chute de la finale *ru :* la disparition de la syllabe *ru* se présente souvent dans des cas de ce genre.

*Arau* du passé incertain est formé régulièrement de *aru :* *dasitarau* est pour *dasite arau,* comme *dasita* pour *dasite aru.*

—La 2$^{e}$ conjugaison a, dans certains dialectes, un présent incertain formé par simple adjonction de *u,* par suite de la vocalisation de la lettre *n* employée dans la langue écrite pour les deux conjugaisons. Mais à Tōkyō, ces formes régulières sont remplacées par des formes en *yau* ou *you* imitées à tort du *au* de la 1$^{\text{ère}}$ conjugaison.

**95.** La différence de sens entre *dasu* et *dasau* n'est pas celle du présent au futur, tous deux ont également ces deux valeurs : mais le premier affirme le fait et le second le pose comme

probable.    Le futur étant en  général incertain, souvent *dasau*
conviendra mieux au futur.

Exemples :

*ki masu ka,* 來マス乎, *viendra-t-il ?*
*ki maseu ka,* 來マセウ乎, *pensez-vous qu'il vienne ?*
*ki masu mai,* 來マスマイ, *je ne pense pas qu'il vienne*
*diki ki masu,* 直來マス, *il va venir tout de suite*

Le participe incertain indique aussi une possibilité logique.
Ainsi : *sou omohu mono arau ga,......* ソウ思フ者有ラウ
ガ, *il peut y avoir des gens qui pensent ainsi, mais......*

**96.**    La différence entre les deux participes passés est exactement  la  même  qu'entre  les  deux  participes présents-futurs.
L'usage respectif du présent et  du passé n'est pas tout à fait  le
même qu'en français : l'imparfait correspond plutôt au  présent
japonais ;  un  présent  français qui  indique  qu'une  action est
achevée, se traduit souvent par le passé.

Exemples :

*Watakusi ha,  Amerika ni woru ahida,* 私ハあめりかニ居ル間,
     *quand j'habitais en Amérique*
*deki masita,* 出來マシタ, *c'est prêt*
*kou sita hau ga yokarau,* コウ爲タ方が好カラウ, *vous feriez bien
     de faire ainsi (m. à m. il peut être bien si vous avez fait ainsi).*

Le participe passé s'emploie avec **koto,** 事, aussi  bien  que
le présent.

Exemples :

*miru koto,* 見ル事, *le fait de voir*
*mita koto,* 見タ事, *le fait d'avoir vu*

## XVI.—Temps et modes. **f. Hypothétique, conditionnel.**

**97.**    Dans la langue écrite, ces deux modes ont chacun un
présent et un passé, mais il ne reste dans la langue parlée que le
conditionnel présent et l'hypothétique passé.

Le conditionnel présent est formé du parfait suivi de *ba*, adoucissement de la disjonctive *ha* ; *daseba* se traduirait littéralement : *quant au fait que j'ai tiré* ; d'où : *comme j'ai tiré, puisque j'ai tiré, quand j'ai tiré*.

L'hypothétique présent est *dasaba*, où nous trouvons *ba* suffixé à *dasa*, qui semble être pour le futur classique *dasan* : le sens littéral serait : *quant au fait que je tirerai peut-être* ; d'où : *si je tire*.

Les passés sont formés de la même façon du participe passé :

    *dasitareba*  hypothétique passé
    *dasitaraba*  conditionnel passé

—Actuellement, le sens de l'hypothétique s'est rapproché de celui du conditionnel et les deux formes qui ont survécu ne diffèrent guère que par le temps.

Exemples :

*kahereba*, 歸レバ, *quand il rentrera, s'il rentre, quand il sera rentré*

*dekitara, motute kite kudasai*, 出來タラ持ツテ來テ下サイ, *si cela est prêt, veuillez l'apporter*

*tenki ga yokatutara*, 天氣ガ好カツタラ, *s'il fait beau ou s'il faisait beau*

*areba, you goraimasu ga*, ......有レバ好ウゴザイマスガ......, *il serait bon qu'il y en eût*

Littéralement, cette dernière phrase veut dire : *s'il y en a c'est bien, mais......* La suspension sur *ga*, qui peut se traduire par *mais*, laisse supposer qu'il n'y en a pas, d'où résulte l'idée de doute rendue en français par le conditionnel ; ce temps correspond souvent à une suspension sur *ga, ni, no ni, mono wo* (cf. §§ 154, 156, 172.)

Exemple :

*kou suru to, yokatuta ga......*, コウ爲ルト好カツタガ..., *vous auriez raison d'agir ainsi*

— *Quand* correspond souvent au conditionnel, mais il se rend très souvent aussi par *toki*, 時, temps, avec un participe qualifiant *toki*.

Exemple :

*yuku toki*, 行ク時, *quand il y va*

—Quelques conditionnels présents ont été conservés dans la langue usuelle, tels que *ihaba*, 云ハヾ, *pour ainsi dire*; *naraba*, conditionnel de *naru*, *être*, qui équivaut aujourd'hui à *si*.

Exemple :

*yuku naraba*, 行クナラヾ, *si je vais*

*o iri you naraba*, *o motiwi nasai*. 御入リ用ナラヾ御用ヰナサイ, *si vous en avez besoin, veuillez vous en servir*

—Le gérondif correspond souvent à *comme* : on voit que la disparition de deux temps, n'a pas sensiblement diminué la variété d'expression de la langue.

—Dans la forme *nakereba*, conditionnel de *nai*, qui sert de suffixe à nombre de conditionnels négatifs, la lettre *a* est souvent élidée entre *n* et *k* : on dit, par exemple, *dasan kereba* au lieu de *dasanakereba* : de même, au concessif, on dit *dasan keredomo* pour *dasanakeredomo*. Notez aussi que la finale *ba* disparaît très souvent : *nara* pour *naraba*; cf. § 87.

## XVII.—Temps et modes. g. Concessif.

**98.** Ce mode correspond aux phrases où nous mettons *quoique, même comme* ; la forme simple du paradigme est souvent remplacée par le participe présent ou passé suivi du suffixe *keredomo*, ou de *to ha ihedomo, to ihedomo*. Dans toutes ces formes, *mo* est souvent supprimé ; dans les formes composées avec *nakeredomo*, la lettre *a* est souvent élidée.

Exemples :

> *il keredo, ne ga takai,* 好イケレド直ガ高イ, *c'est bon, mais c'est cher*
>
> *sagasita keredomo, sire masen,* 捜シタケレドモ知レマセン, *bien que j'aie cherché, je n'ai pu savoir*

Dans *keredomo, kere* se rattache au vieux suffixe variable *keru,* qui est peut-être un parfait de *kuru, venir.*

Pour d'autres formes de concessif, d'un sens différent, voir §§ 183 et 204.

**99.** Toutes les remarques faites sur le sens et l'emploi des temps et des modes, s'appliquent également à la voix affirmative et à la voix négative.

Les formes de cette dernière sont facilement analysables : la plupart se ramènent à la base négative et aux suffixes *nu* ou *nai ; masende* est sans doute pour *masenu de,* analogue à *nai de (dasanai de)* : la particule *de, étant,* sert de postposition aux substantifs, et par suite aux participes. *Nanda,* du participe passé, est inexpliqué jusqu'à présent. Pour *nai* et *na,* cf. §§ 187 et 208.

## XVIII.—QUASI-VERBES D'ÉTAT.

**100.** Un assez grand nombre de mots qui sont des substantifs, forment des expressions analogues aux verbes de la 1ère classe à l'aide du suffixe *na,* abréviation de *naru, étant.* J'en ai cité quelques uns au § 46 ; les formes verbales en *sau na* (§93) rentrent dans cette classe. Enfin certains verbes d'état proprement dits sont susceptibles de prendre cette forme.

Exemples :

> *tiisai,* 小イ, ou *tiisa na,* 小ナ, *petit*
> *ohokii,* 大キイ, ou *ohoki na,* 大キナ, *grand*
> *yaharakai,* 柔カイ, ou *yaharaka na,* 柔カナ, *délicat*

*kirei na,* 奇麗ナ, *joli*

*yosasau na,* 好ササウナ, *paraissant bon* ⎫
*nasasau na,* 無ササウナ, *improbable* ⎭ *formes irrégulières*

Ce participe en *na* ne sert que de qualificatif; à la fin d'une proposition, *na* est remplacé par *de, étant,* ou par *ni,* qui a le même sens: ces deux formes répondent à la forme en *ku* des verbes d'état. A la fin de la phrase, *na* cède la place à *da, desu* ou à l'un des temps de ces verbes.

Exemples:

*ketukou na sina,* 結構ナ品, *un objet charmant*

*ketukou da,* 結構ダ, *c'est charmant*

*ano mono ha, ketukou de,...* 彼物ハ結構デ..., *cet objet est charmant et......*

*siduka na tokoro,* 靜ナ處, *un endroit tranquille*

*kono tokoro siduka ni site,* 此處靜ニシテ, *cet endroit étant tranquille......*

## XIX.—VERBES D'ÉTAT COMPOSÉS.

**101.** Les verbes d'état composés sont nombreux; il y en a de diverses sortes.

a. **Composés de deux verbes d'état:**
*usu akai,* 淡赤イ, *rouge clair*

b. **Composés d'un verbe d'action et d'un verbe d'état:**
*mi kurusii,* 見苦イ, *pénible à voir*

c. **Composés d'un substantif et d'un verbe d'état:**
*kokoro yasui,* 心易イ, *intime, ami*

d. **Composés d'un verbe d'action et d'une particule variable:**
*yukitai,* 行度イ, *désirant aller*
*sinzu beki,* 信ズ可キ, *digne de foi (cf. § 207 et 209)*

e. **Composés d'un nom et d'une particule:**
*wotoko rasii,* 男ラシイ, *viril*
*ziyauzu rasii,* 上手ラシイ *prétendu habile.*

## XX.—COMPARAISON.

**102.** La comparaison est très souvent implicite ; si l'on demande, de l'Asama et du Fuzi, *lequel est le plus haut*, on répondra simplement :

*Huzi ga takai,* 不二が高イ, *le Fuzi est haut*

ou *Huzi no hau ga takai,* 不二ノ方が高イ, m. à m : *le côté du Fuzi est haut*

On dira de même, pour : *lequel est le meilleur marché ? :*

*dotira ga yasui.* 何チヲか安イ, *lequel est bon marché ?*

**103.** La comparaison complète se rend à l'aide de *yori*, *depuis*, si elle est affirmative, de *hodo*, 程, *degré*, si elle est négative.

Exemples :

*Asama yori Huzi ga takai,*
あさまヨリ不二が高イ

*Asama yori, Huzi no hau ga takai.*
あさまヨリ不二ノ方が高イ

⎱ *le Fuzi est plus haut que l'Asama.*

*Asama ha, Huzi hodo takaku nai,* あさまハ不二程高クナイ.
*l'Asama n'est pas aussi haut que le Fuzi*

Ces phrases s'expliquent facilement : *à partir de l'Asama, le Fuzi est encore haut ; l'Asama n'est pas haut au degré du Fuzi.*

—La locution : *plus......plus* se rend aussi à l'aide de *hodo*, 程.

Exemple :

*mireba, miru hodo ritupa desu,* 見レバ見ル程立派デス, *plus je regarde, plus cela me paraît beau*

**104.** Le superlatif relatif se rend par *iti ban*, 一番, *en premier,*

Exemples :

*sore ha, iti ban yoroshii,* 夫ハ一番宜イ, *cela est le plus convenable*

Il se rend encore par la tournure suivante

> *sono uti no yosasau na mono,* 其內ノ好ササウナ物, *celui de ces objets qui paraît le meilleur*
>
> *Nihon diyu no yuu si,* 日本中ノ勇士, *le plus brave du Japon*

**105.** *Encore*, avec le comparatif, se rend par **motuto,** モット, ou *naho,* 尙.

Exemples :

> *motuto takaku tiyauziyau made nobori mascu,* モット高ク頂上 迄登リマセウ, *je monterai encore plus haut, jusqu'au sommet*
>
> *kono hau ha, naho yorosikarau,* 此方ハ尙宜カラウ, *de cette façon, ce sera encore mieux*

**106.** Le superlatif absolu se traduit par *hanahada,* 甚ダ; *itatute,* 至ッテ; *tai sau ni,* 大層ニ; *taku san,* 澤山; *tai hen ni,* 大變ニ; *goku,* 極.

Exemple :

> *itatute mudukasii koto da,* 至ッテ六敷イ事ダ, *c'est une chose très difficile*

Il existe aussi une tournure avec le gérondif du verbe d'état :

Exemple :

> *samukute, si yau ga nai,* 寒クテ仕樣ガナイ, *il fait extrêmement froid* (litt. *il fait si froid qu'il n'y a pas moyen*)

—*Pas très* se rend par **amari,** 餘リ (Tōkyō: *ammari*) ou *yokei ni,* 餘計ニ, avec le négatif.

Exemple :

> *amari omosiroku nai,* 餘リ面白クナイ, *ce n'est pas très amusant*

## XXI.—VERBES D'ACTION COMPOSÉS.

**107.** Il existe trois classes intéressantes de verbes d'action composés.

### a. Composés d'un nom et d'un verbe d'action.

Exemples :

*ai suru*, 愛スル, *aimer* (cf. § 115)

*nadukeru*, 名付ケル, *nommer*

### b. Composés de deux verbes d'action.

—Cette classe est très nombreuse ; le premier terme composant est toujours à la forme indéfinie, le second seul étant variable (§ 71). Le sens du composé résulte souvent de celui des éléments ; dans d'autres cas, le sens du composé serait difficile à découvrir sans le secours du dictionnaire ; il y a aussi certains composants dont le sens s'efface complètement.

Exemples :

*tobi agaru*, 飛上ガル, *monter en volant*

*wake ataheru*, 分與ル, *donner en partage*

*uke ahu*, 受合フ, *garantir*

*makari yuku*, 罷行ク, *aller*

### c. Composés d'un verbe d'état et d'un verbe d'action.

Exemple :

*taka sugiru*. 高過ル, *trop haut*

**108.** Certains verbes sont pris fréquemment comme seconds composants et gardent toujours à peu près la même valeur dans les expressions où ils entrent : les principaux sont les suivants.

*Dasu,* 出ス, indique l'idée de *tirer hors, commencer.*

Exemples :

*tori dasu*, 取出ス, *sortir, tirer*

*naki dasu*. 啼出ス, *commencer à crier*

*Kakaru*, 懸ル, indique que l'action est sur le point de commencer ou est accidentelle.

Exemples :

*nahori kakaru*, 瘉懸ル, *commencer à se remettre*

*tohori kakaru*, 通懸ル, *passer par hasard*

*Kakeru*, 掛ル, signifie que l'action commencée a été abandonnée.

Exemple :

*hanasi kakeru*, 談掛ル, *s'interrompre (en parlant)*

*Kiru*, 切ル, indique la totalité.

Exemple :

*kahi kiru*, 買切ル, *acheter complètement*

*Komu*, 込ム, veut dire *entrer, pénétrer.*

Exemple :

*tobi komu*, 飛ビ込ム, *pénétrer en sautant, en volant*

Rarement trois verbes sont composés ensemble ; on peut trouver : *mausi age kakeru*, 申上兼ル, *hésiter à dire (respectueux)*

Dans les verbes composés, le dernier élément peut prendre toutes les mêmes formes que les verbes simples.

## XXII.—VERBES AUXILIAIRES.

**109.** L'emploi des verbes auxiliaires est essentiel en japonais : l'analyse que j'ai donnée des principales formes a montré, dans le rôle d'auxiliaires et plus ou moins fondus avec le verbe principal, des particules variables de la même nature que le verbe (*te, tai, na* pour *naru, kere, u* du présent incertain, *mai, na* de l'impératif prohibitif, *nu*) et même des verbes encore usités comme verbes (*aru*, *nai*). Le processus par lequel s'est formée la conjugaison, est le même suivant lequel sont employés aujourd'hui plusieurs auxiliaires, qui sont tantôt auxiliaires et tantôt indépendants.

À la différence des verbes composés où le premier verbe est toujours à l'indéfini, les auxiliaires veulent le verbe principal les uns à une forme, les autres à une autre.

## A. Auxiliaires d'état.

**110.** *Aru*, 有ル, *être*, construit avec e gérondif, donne un sens intransitif; *gozaru*. 御座ル, *être* (poli) a le même emploi.

Exemples :

*mudukasiku kaite aru.* 六敷ク書イテ有ル, cela est écrit d'une écriture difficile

*nahori masite gozaru,* 癒リマシテ御座ル. il est guéri

Remarquez que le sens n'est pas passif: *cela existe étant écrit*, et non pas *on l'écrit ;* il y a état, non action subie. Cette tournure est étymologiquement l'équivalent du passé *kaita* (pour *kaite aru*), mais le sens est différent.

**111.** L'emploi le plus fréquent des expressions de ce genre est avec la particule *de*, *étant* (ancien gérondif d'un verbe *être* : *nite*) ; les périphrases *de aru, de gozaru, de gozari masu* et leurs contractions *da, desu* sont l'un des équivalents les plus fréquents du verbe *être* (§ 89) ; il faut bien noter, en effet, que *aru, gozaru*, signifient presque toujours: *il y a, il existe ; da, desu*, correspondent à la simple copule : *est.* Ainsi :

*tukuwe ga ari masu,* 机ガ有リマス, *il y a des tables.*

*kore ha. tukuwe desu,* 是ハ机デス, *ceci est une table.*

**112.** La particule *de,* ainsi que les composés *da, desu,* s'emploie aussi bien après les participes qu'après les noms. On pourrait donc dire :

*kore ga yorosii desu*, 是ガ宜イデス, *ceci est bien* ;

on dit plus généralement :

*kore ga yorosiu gozaimasu*, 是ガ宜ウ御座イマス,

qui a le même sens et le même degré de politesse. Mais on dit très fréquemment :

*kuru darau*, 來ルダラウ, *il viendra*

*kuru desiyau*, 來ルデシヤウ, *il viendra* (poli)

*konai darau*, 來ナイダラウ, *il ne viendra pas*

Ces expressions sont si fréquentes qu'on pourrait les considérer comme un futur composé.

*Diya*, ヂヤ, est à Kyōto l'équivalent du *da* de Tōkyō.

C'est par application de la même règle que l'on forme les gérondifs *masende*, *dasanai de* (§ 99) et les quasi-verbes d'état (§ 100) : *na* est, dans ce dernier cas, une contraction du *ni* de *nite* (voir § 111) et de *aru*, avec chute de la finale *ru*.

**113.** *Wiru* ou *woru*, 居ル, signifie proprement : *habiter*, et de là : *être dans un endroit.*

Exemples :

*Toukyau ni woru*, 東京ニ居ル, *habiter à Tōkyō*

*nebeya ni wori masu*, 寐部屋ニ居リマス, *il est dans la chambre à coucher*

Ce verbe, construit avec le gérondif, indique que l'action est en voie de se faire.

Exemples :

*nani wo site wi masu ka*, 何ヲ為テ居マスカ, *qu'est-il en train de faire?*

*dekite wori masen*, 出來テ居リマセン, *ce n'est pas prêt*

*kite wori masu*, 來テ居リマス, *il est ici* (m. à m. *il est étant venu, il est venu et il est encore ici.*)

Souvent on contracte le gérondif avec le verbe *wiru* : pour *kaite wiru*, 書テ居ル, être occupé à écrire on dira *kaiteru* : on saisit ici sur le fait la formation d'un nouveau temps de la conjugaison.

## B. Auxiliaires emphatiques.

**114.** Le négatif de *suru*, 爲ル, celui de *itasu*, 致ス, faire (*sinai, itasanai*) avec la forme indéfinie d'un verbe et la postposition *ha* (familier *ya*), ou avec *mo* répété, forme un équivalent emphatique de la voix négative.

Exemples :

*mou ki ya itasi masen*, モウ来ヤ致シマセン, *certes il ne vient plus*

*mi mo sinai, kiki mo sinai*, 見モシナイ，聞キモシナイ，*je n'ai rien vu et rien entendu*

Cette phrase pourrait se mettre également sous les deux formes suivantes :

*mi mo sinakereba, kiki mo sinai*, 見モ爲ナケレバ聞キモ爲ナイ

*mi mo sezu, kiki mo sinai*, 見モ爲ズ聞キモ爲ナイ

**115.** *Suru* est très usité pour transformer en verbes des noms d'origine chinoise (§ 107.)

Exemples :

*ai suru*, 愛スル, *aimer*

*an sin suru*, 安心スル, *être tranquille*

Si le nom préfixé est monosyllabique, *suru* est parfois traité, dans la langue vulgaire, comme un verbe de la 1ère conjugaison ; ainsi, *zisanai*, 辭サナイ *ne pas refuser*, au lieu de *zisinai*, 辭シナイ.

Si le monosyllabe préfixé finit en *n*, *suru* se trans-forme correctement en *zuru* ou *ziru*, cette dernière forme, beaucoup plus employée se conjugue régulièrement sur la 2e conjugaison.

Exemples:

*ronziru*, 論ジル, *discuter* (*ronzi. ronziru, ronzi, ronzire*)

*sonziru*, 損ジル, *subir un dommage* (*sonzi, sonziru, sonzi, sonzire*)

**116.** *Suru* se compose parfois aussi avec des mots japonais.

Exemples:

*agari sagari suru*, 上リ下リスル, *monter et descendre*

*hotusuru*, 欲ツスル, *désirer* (du vieux mot *hori*)

*karonziru*, 輕ジル, *mépriser* (de *karui.* 輕イ *léger*)

Dans tous les composés ci-dessus, *suru* est susceptible de prendre toutes les formes soit de sa conjugaison propre, soit de la 2e conjugaison régulière, et les verbes qu'il forme, ont exactement la même syntaxe que les verbes ordinaires.

**117.** *Suru* employé seul a parfois le sens de *être, il y a,*

Exemples:

*oto ga suru*, 音ガスル, *il y a du bruit*

*dutuu ga suru*, 頭痛ガスル, *avoir mal à la tête* (m. à m. *il y a mal à la tête*)

Notez aussi l'idiotisme suivant:

*ikau to site*, 行カウト爲テ, *sur le point d'aller*

*kaetute kara no koto ni siyau*, 歸ツテカラノ事ニシヤウ, *je laisserai cela pour mon retour* (litt. *j'en ferai une chose d'après mon retour*)

**118.** *Yaru*, 遣ル, *donner*, avec le gérondif d'un verbe transitif, a comme *suru* une valeur emphatique.

Exemples:

*dasite yaru*, 出シテ遣ル, *sortir, mettre dehors*

*bututte yari maseu*, 擊ツテ遣リマセウ, *je lui donnerai une volée*

## C. Auxiliaires de mode.

**119.** *Kuru,* 來ル, *venir,* avec le gérondif, ajoute à l'idée de celui-ci celle d'un mouvement de translation pour accomplir l'acte.

Exemples :

*kitute wo katute ki maseu.* 切手ヲ買ッテ來マセウ, *j'irai acheter des timbres*

*tiya wo motute ki masen ka.* 茶ヲ持ッテ來マセンカ, *ne va-t-il pas apporter le thé ?*

**120.** *Miru,* 見, *voir,* avec le gérondif, veut dire *essayer,* à peu près comme le français *voir* dans la phrase : *je verrai à faire cela.*

Exemples :

*yatute mi maseu.* 遣ッテ見マセウ, *j'y verrai, j'essaierai*

*kiite miru ga ii.* 聞イテ見ルガ好イ, *il faudrait voir à vous en informer*

**121.** *Kaneru,* 兼ル, avec la forme indéfinie, exprime l'impossibilité ; ce verbe appartient surtout à la langue écrite.

Exemple :

*makoto ni mausi kane masita ga, kasa wo itupon o kasi kudasai masi.* 實ニ申兼マシタガ傘ヲ一本御貸シ下サイマシ, *en vérité, j'ose à peine vous le demander, veuillez me prêter un parapluie.*

**122.** *Oku,* 置ク, *poser,* avec le gérondif, indique que l'action est complètement achevée.

Exemples :

*kangahete oite kudasai.* 考ヘテ置イテ下サイ, *veuillez examiner complètement*

*aturahete oita,* 誂ヘテ置イタ, *j'ai tout mis en ordre*

**123.** *Simahu,* 仕舞フ, *finir,* avec le gérondif, exprime l'achèvement de l'action ; il est souvent familier.

Exemples :

> sinde simatuta, 死ンデ仕舞ツタ, il est mort et bien mort
>
> isiya sama ni natute simahi masita, 醫者樣ニ成ツテ仕舞ヒ
> マシタ, il a fini par se faire médecin

## D. Auxiliaires passifs.

**124.** *Morahu*, 貰フ, *recevoir*, et *itadaku*, 戴ク, *mettre sur la tête, recevoir avec respect*, forment deux locutions, l'une ordinaire, l'autre honorifique, dont le sens et la formation se rapprochent du passif (§130) ; elles se rendent bien en français par *se faire*.

Exemples :

> sinbun wo yonde morahu. 新聞ヲ讀ンデ貰フ, se faire lire les
> journaux
>
> asa hayaku okosite morahitai, 朝早ク起シテ貰ヒタイ, je désire
> me faire éveiller de bonne heure le matin

## E. Auxiliaires honorifiques.

**125.** *Masu*, qui signifiait primitivement *être*, se suffixe à la forme indéfinie de tous les verbes : cette tournure, d'abord honorifique, n'est plus maintenant que la marque d'un langage poli ; elle s'emploie même en parlant à des inférieurs et on ne la néglige guère qu'avec des coulis ou des domestiques que l'on emploie.

Ainsi, pour *aru*, 有ル, *il y a*, on dira *arimasu*, 有リマス, on a déjà vu de nombreux exemples de l'emploi de ce verbe

**126.** *Gozaru*, 御座ル, équivalent honorifique de *aru*, ne s'emploie qu'avec des égaux ou des supérieurs ; on le fait presque toujours suivre de *masu*; il a la même syntaxe que *aru* (cf. §§ 89, 110-112). Mis après l'indéfini des verbes d'état, il leur sert de forme polie.

Exemples :

> *yorosiu gozaimasu.* 宜ウゴザイマス, *c'est bien* (équivalent poli
> de *yorosii,* 宜イ)
> *kono yama ha takau gozaimasu.* 此山ハ高ウ御座イマス, *cette*
> *montagne est élevée* (équivalent de *takai,* 高イ)

**127.** *Mausu,* 申ス, suffixé à l'indéfini du verbe,
avec *o,* 御, placé devant le verbe, forme une locution
humble, que l'on emploie naturellement pour la 1ère personne.
*Nasaru,* 成サル, ou *ni naru,* 二成ル, employé de même,
également avec *o,* 御, est honorifique et s'applique à la 2e ou à la
la 3e personne.

Exemples :

> *o tanomi mausu.* 御賴ミ申ス, *je demande*
> *o tanomi nasaru.* 御賴ミ成サル, }
> *o tanomi ni naru.* 御賴ミ二成ル, } *vous demandez ou il demande.*

Naturellement, on peut surajouter l'honorifique *masu.*

**128.** *Ageru,* 上ゲル, avec le gérondif, indique que, *moi,*
personne humble, je fais quelque chose pour mon interlocuteur ;
pour dire que mon interlocuteur, ou qu'une personne auguste veut
bien faire quelque chose pour moi, j'emploierai *itadaku.* 戴ク,
*recevoir,* avec la même construction.

Exemples :

> *kiite age masu.* 聞テ上ゲマセウ, *je m'informerai pour vous*
> *kiite itadakitau gozaimasu,* 聞イテ戴キタウ御座イマス, *je vous*
> *prie de vouloir bien vous informer pour moi*

## XXIII.—VOIX.

**129.** Outre l'affirmation et la négation, le verbe est
capable d'exprimer d'autres modalités de l'action, telles que la
possibilité, le passage de l'action sur un objet, la transmission à

l'objet par un intermédiaire ; ces diverses modalités, pour ne pas être semblables à celles que rendent les voix active, moyenne, passive, du grec ou du latin, n'en sont pas moins de nature analogue. Ces voix se forment par l'agglutination de certains auxiliaires ; mais, tandis que les auxiliaires étudiés jusqu'ici restent en général séparés, nous voyons, dans les voix, ces auxiliaires se fondre avec le verbe principal, pas assez cependant pour qu'ils ne soient encore reconnaissables.

Seuls, les verbes de la 2e classe possèdent les voix qui suivent (§ 130–139)

## A. Potentiels ou passifs.

**130.** Cette voix se forme en ajoutant *areru* au radical verbal ; dans la 1ʳᵉ conjugaison où ce radical finit par une consonne, l'adjonction se fait tout naturellement ; dans la 2e conjugaison, on insère, entre la voyelle du radical et la terminaison *areru,* la lettre *r,* soit à l'imitation de l'*r* qui se trouve au participe des mêmes verbes, soit par attraction des deux *r* de la terminaison même.

Exemples :

*kiku,* 聞ク, potentiel : *kikareru.* 被聞ル, (radical *kik*)
*iru,* 射ル,    „     *irareru,* 被射ル, ( „ *i* )

Ces formes correspondent à *kiki ari eru, i ari eru,* c'est-à-dire : *pouvoir* ou *obtenir étant entendant ; pouvoir* ou *obtenir étant tirant de l'arc.* De là, résulte le sens : *pouvoir entendre, pouvoir tirer ;* et aussi : *obtenir le fait d'entendre, de tirer,* ou : *recevoir le fait d'entendre, de tirer.*

Le premier sens est proprement potentiel ; le second se rapproche des expressions que j'ai citées au § 124, c'est une sorte de passif, mais un passif impersonnel comme tout verbe japonais : le fait de recevoir l'action n'est pas subi par une personne ou une chose, il se passe par rapport à une personne ou à une chose et ce rapport n'est qu'une circonstance secondaire qui peut fort bien n'être pas notée ; donc, même les verbes intransitifs de nature, tels que *yuku*, 行ク, *aller*, sont susceptibles d'être mis au passif ; de même, on trouve en latin des formes telles que *itur*, que l'on traduit par *on va*. D'autre part, rien n'empêche logiquement que l'action, considérée comme reçue, se transmette à un régime direct, là où le sens du radical le permet ; la composition du passif indique deux éléments actifs, *kiki* et *eru*, ces deux éléments conservent leur activité : on trouve en effet, des verbes au potentiel-passif construits avec un régime direct.

Exemples :

*hurareru*. 降ラレル, *recevoir la pluie* (passif de *huru*, 降ル, *pleuvoir*)

*go sinpu sama ni ha, naku narare*, 御親父様ニハ無ク成ラレ, *M. votre père étant mort......* (passif de *naku naru*, 無ク成ル, *disparaître*)

*kubi wo honerareta*. 首ヲ刎テラレタ, *il a eu la tête coupée*

*dare ni mo homerare masu*, 誰ニモ譽メヲレマス, *il est loué par tout le monde*

*ano hito ni ha, sake ha nomarenai*. 彼人ニハ酒ハ飲マレナイ, *cet homme ne peut boire de saké*

*mawirare masu*, 參ヲレマス, *on peut y aller*

On voit par l'un de ces exemples qu'après un passif, le mot français *par* se traduit par *ni*.

**131.** La conjugaison du potentiel est identique à celle de son dernier composant, *eru* (2e conjugaison)

Remarquez les potentiels irréguliers suivants :

*korareru*. 来ラレル     de *kuru*, 来ル, *venir*

*serareru*, 爲ラレル     „ *suru*, 爲ル, *faire*

(*sareru*. 爲レル,     „ *suru*. 爲ル, *faire*, est régulier)

*sinareru*, 死ナレル,     „ *sinuru*, 死ヌル, *mourir* (radical *sin*)

*Masu* n'a pas de potentiel.

**132.** L'idée du potentiel est souvent rendue, dans la langue parlée, au moyen de *dekiru*, 出來ル, *pouvoir*.

Exemple :

> *watakusi ha, agaru koto ga deki masen kara...*, 私ハ上ガル事ガ出來マセンカラ..., *comme je ne puis aller vous voir......*

## B. Transitifs et intransitifs.

**133.** Le même verbe *eru*, 得ル, *pouvoir*, *obtenir*, qui sert à la formation du potentiel, sert aussi, mais d'une façon beaucoup moins régulière, et avec des caprices de sens peu explicables, à tirer d'un verbe transitif un verbe intransitif ou pronominal, ou d'un verbe intransitif un verbe transitif.

Exemples :

| | |
|---|---|
| *kaku*, 書ク, *écrire* | *kakeru*, 書ケル, *s'écrire* |
| *kiru*, 切ル, *graver* | *kireru*, 切レル, *se graver* |
| *akeru*, 開ケル, *ouvrir* | *aku*, 開ク, *être ouvert* |
| *hiraku*, 開ク, *civiliser* | *hirakeru*, 開ケル, *se civiliser* |
| *woru*, 折ル, *briser* | *woreru*, 折レル, *se briser* |
| *soroheru*, 揃ヘル *assortir* | *sorohu*, 揃フ, *être assorti* |
| *tateru*, 立テル, *élever* | *tatu*, 立ツ, *être debout* |
| *yaku*, 燒ク, *brûler* | *yakeru*, 燒ケル, *se brûler* |
| *miru*, 見ル, *voir* | *mieru*, 見エル, *être visible* |
| *kiku*, 聞ク, *entendre* | *kikoeru*, 聞エル, *être perceptible* |

**134.** Un certain nombre d'intransitifs se terminent en *aru*, ce qui est naturel, puisque *aru*, 有ル, *être*, indique un état.

Les transitifs correspondants sont en *eru*.

Exemples :

| | |
|---|---|
| *aratamaru*, 改マル, *se réformer* | *aratameru*, 改メル, *réformer* |
| *kakaru*, 懸ル, *être suspendu* | *kakeru*, 懸ケル ou 掛ル, *suspendre* |
| *sadamaru*, 定マル, *être fixé* | *sadameru*, 定メル, *fixer* |
| *todomaru*, 止マル, { *être arrété, s'arréter* | *todomeru*, 止メル, *arréter* |
| *hazimaru*, 始マル, { *commencer (intr.)* | *hazimeru*, 始メル, { *commencer (trans.)* |
| *tasukaru*, 助カル, *être sauf* | *tasukeru*, 助ケル, *sauver* |

**135.** Un grand nombre de transitifs ont la terminaison *su*, que l'on peut rapprocher de *suru, faire.*

Exemples:

| | |
|---|---|
| *kahesu,* 返ス, *rendre* | *kaheru,* 歸ル, *retourner* |
| *kakusu,* 匿ス, *cacher* | *kakureru,* 隱ル, *se cacher* |
| *nobasu,* 伸ス, *étendre* | *nobiru,* 伸ル, *s'étendre* |
| *okosu,* 起ス, *éveiller* | *okiru,* 起ル, *s'éveiller* |

**136.** Il faut remarquer la différence entre le passif, l'intransitif et le transitif d'un même radical.

Exemples:

*naha wo kituta,* 繩ヲ切ツタ, *il a coupé la corde*

*naha ga kireta,* 繩が切レタ, *la corde est coupée ou s'est coupée*

*naha ga kirareta,* 繩が切ラレタ, *la corde a été coupée*

*yuku* ou *iku,* 行ク, *aller*

*ikeru,* 行ケル, *pouvoir aller* (parce que le chemin est bon, ou tel autre motif: possibilité physique)

*ikareru,* 行カレル, *pouvoir aller* (parce que ce n'est pas interdit: possibilité morale)

## C. Causatifs.

**137.** Le causatif se forme du radical verbal, auquel on ajoute *aseru,* qui est peut-être pour *arisuru* ou *ari si eru,* avec chute de la dernière syllabe de *ari.* Dans la 1ère conjugaison, la terminaison s'ajoute directement au radical; dans la 2e, on insère un *s*, peut-être par attraction de la lettre *s* qui suit.

Il existe dans la langue écrite une autre forme, que l'on entend parfois employer par les gens cultivés; on l'obtient en ajoutant au radical les terminaisons inexpliquées *asimeru* et *sesimeru* (1).

Exemples:

*kiku,* 聞ク causatif: *kikaseru,* 聞カセル [令聞ル] (radical *kik*)

,,  ,,  ,, : *kikasimeru,* 聞カシメル ( ,, )

*iru,* 射ル  ,, : *isaseru,* 射サセル [令射ル] (radical *i*)

,,  ,,  ,, : *isesimeru,* 射セシメル ,, ( ,, )

_____

(1) Remarquez la lettre *s* de ces terminaisons; à rapprocher de *suru.*

spéciale ; ils sont de la 1ᵉʳᵉ conjugaison et en peuvent prendre toutes les formes, y compris le potentiel et le causatif.

Exemples :

*kohai*, 恐怖イ, *craintif*

*kohagaru.* 怖畏ガル, *être effrayé*

*kohagaraseru*, 令怖畏ル, *faire en sorte que quelqu'un soit effrayé*

*medurasii*, 珍イ, *étrange*

*medurasigaru.* 珍ガル, *trouver étrange*

*medurasigarareru.* 珍ガ ラレル, *sembler étrange*

Il existe aussi des dérivés en *mu* qui sont inusités, mais dont la forme indéfinie est employée substantivement (§ 22).

Exemples :

*akai*, 赤イ, *être rouge*

*akamu*, 赤ム, *devenir rouge*

*akami.* 赤ミ, *un soupçon de rouge, la rougeur*

## XXIV.—Divers emplois du verbe.

**141.** Le verbe, en japonais, joue souvent le rôle du nom : voyez les §§ 69, 72, 81, 112. Plus d'une postposition n'est qu'une ancienne forme verbale : ainsi *yori* (§ 163), *de* (*nite* § 161), *motute* (§ 162), *na* (§§ 186, 187), *bakari* (§ 199), *ni* (§§ 157, 160)

D'autre part, le verbe, tout en conservant sa nature verbale, correspond souvent à un adjectif français (§ 80). Voyez aussi tout ce qui concerne le verbe d'état.

**142.** Enfin, bien des formes verbales doivent être traduites par des adverbes (§ 71).

Exemples :

| | | |
|---|---|---|
| *amari*, 餘リ *trop* | indéfini de *amaru*, *excéder* |
| *kiri*, 切リ, *jusqu'à la fin* | „ „ *kiru*, *couper* |
| *nokorazu*, 不殘, *complètement* | indéf. négat. „ *nokoru*, *être en surplus* |

*hazimete*, 始而, *d'abord*　　　　gérondif de *hazimeru*, *commencer*

*kahetute*, 却, *au contraire*　　　　„　　„　*kaheru*, 歸ル, *retourner*

*subete*, 總, *totalement*　　　　„　　„　*suberu*, 總ル, *rassembler*

*sayaunara*, 左樣ナラ, *au revoir*, (littéralement : *puisse-t-il en être ainsi*) où *nara* est pour *naraba*, hypothétique présent d'un ancien verbe *être*

*tatoheba*, 譬ヘバ, *par exemple*, conditionnel présent de *tatoheru* *comparer*

*kahesu gahesu*, カヘスガヘス, *à diverses reprises*, redoublement du conclusif de *kahesu*, 返ス, *rendre* (cf. § 92.)

## XXV.—DE L'AFFIRMATION ET DE LA NÉGATION.

**143.** Il n'existe pas de mots correspondant exactement à *oui* et *non*. *Iie*, 否, indique toujours que l'on repousse violemment la supposition de l'interlocuteur ; *ika ni mo*, 如何モ, (litt. : *en quelque manière que ce soit, aucunement*) est peu usité aujourd'hui ; *hai*, 唯, *hei*, 唯, *he* n'est qu'une interjection dont l'auditeur ponctue la phrase qui lui est adressée : elle indique seulement qu'il a compris et n'implique pas son assentiment.

Pour dire *oui*, le Japonais dit : *il en est ainsi*, **sou da, sou desu, sa yau de gozaimasu,** 左樣デゴザイマス

Pour *non*, on met ces phrases au négatif : **sou diya nai, sa yau de gozaimasen,** 左樣デゴザイマセン

Très fréquemment on répète le verbe de la question.

Exemples :

*o wakari ni nari masita ka*, 御分リニ成リマシタカ, *avez-vous compris ?*

*wakari masita*, 分リマシタ, *j'ai compris, oui.*

*wakari masen*, 分リマセン, *je ne comprends pas, non.*

Au lieu d'une réponse négative, on pose souvent une autre question.

Exemples:

*kaheri masita ka.* 歸リマシタカ, *est-il de retour?*

*ikaga de gozaimasu ka,* 如何ガデゴザイマスカ, *je ne sais* (m. à m: *comment est-ce?*)

Remarquez comment l'on répond à une question négative:

*ki masen ka.* 來マセンカ, *est-ce qu'il ne vient pas?*

R. 1 *sa yau de gozaimasu.* 左樣デゴザイマス, *non* (m. à m: *c'est bien comme vous dites*)

2 *he.* ヘ, *non* (même explication)

3 *ki masen,* 來マセン, *non* (*il ne vient pas*)

4 *ki masu,* 來マス, *si,* (*il vient*)

5 *ki masu to mo,* 來マストモ, *mais, si* (*oui certes il vient*) (cf. §165)

## XXVI.—EXPRESSIONS HONORIFIQUES.

**144.** La politesse japonaise exige que l'on exalte la personne à qui l'on parle et tout ce qui la touche, et aussi les personnes dont on parle, si celui qui parle, par courtoisie ou pour tout autre motif, les considère comme d'un rang supérieur au sien propre. On comprend que cette coutume permette d'user avec beaucoup de modération des pronoms personnels; mais elle ne suffit pas toujours (§55), et aussi l'on peut douter si l'honorifique correspond à la 2e ou à la 3e personne (§28).

J'ai déjà parlé des préfixes et suffixes honorifiques (§28, 29, 53, 54) et des auxiliaires honorifiques (§125-128); il existe d'autres tournures qui dérivent de la même idée mais n'ont pu trouver place aux §§ indiqués. Ainsi l'action de la personne que l'on veut honorer sera exprimée par le potentiel; on trouve plus poli de dire que vous pouvez faire une chose, plutôt que de déclarer crûment que vous la faites.

Exemple:

*Tensi ha ohoserareta.* 天子ハ被仰タ, *l'Empereur a dit.*

**145.** Les verbes les plus usuels ont trois expressions, l'une ordinaire, donnée en tête dans la liste ci-dessous, l'autre honorifique, et la troisième humble, ces deux dernières signalées respectivement par **H** et *H*.

         *ahu*, 合フ *rencontrer, voir*

**H.**   *o ahi nasaru*, 御合ヒナサル

*H.*   *o me ni kakaru*, 御目 ニ懸ル

         *ihu*, 曰フ, *dire*

**H.** *otasiyaru*, 仰ツシヤル ; *ohaserareru*, 仰セラレル

*H.*   *mausi ageru*, 申上ル

         *ukeru*, 受, *recevoir*

**H.**   *o uke nasaru*, 御受ケナサル

*H.*   *itadaku*, 戴ク ; *tiyaudai suru*, 頂戴スル

         *kariru*, 借ル, *emprunter*

**H.**   *o kari nasaru*, 御借リナサル

*H.*   *haisiyaku suru*, 拜借スル

         *kiku*, 聞ク, *entendre*

**H.**   *o kiki nasaru*, 御聞キナサル

*H.*   *uketamaharu*, 承ル

         *kuru*, 來ル, *venir*

**H.** *o ide nasaru*, 御出デナサル ; *iratusiyaru*, 入ラツシヤル

*H.*   *mawiru*, 參ル ; *agaru*, 上ガル ; *makaru*, 罷ル

         *suru*, 爲ル, *faire*

**H.** *nasaru*, 成サル ; *asobasu*, 遊ス

*H.*   *suru*, 爲ル

         *taberu*, 食ル, *manger*

**H.**   *mesi agaru*, 召上ル

*H.*   *itadaku*, 戴ク ; *tiyaudai suru*, 頂戴スル

         *miseru*, 見セル, *montrer*

**H.**   *o mise nasaru*, 御見セナサル

*H.*   *o me ni kakeru*, 御目ニ掛ル

         *miru*, 見ル, *voir*

**H.**   *go ran nasaru*, 御覽ナサル

*H.*   *haiken suru*, 拜見スル

*yaru,* 遣ル, *donner*

**H.** *kudasaru,* 下サル; *kureru,* 呉ル (moins poli)

*H.* *ageru,* 上ゲル; *sinziyau suru,* 進上スル

*yuku,* 行ク, *aller*

**H.** *o ide nasaru,* 御出デナサル; *iratusiyaru,* 入ラツシヤル

*H.* *maiwiru,* 参ル; *agaru,* 上ガル; *makaru,* 罷ル

*wiru* ou *woru,* 居, *habiter*

**H.** *o ide nasaru,* 御出デナサル; *iratusiyaru,* 入ラツシヤル

*H.* *wiru, woru.* 居ル

**146.** L'impératif demande une mention spéciale: celui des verbes honorifiques est employé sous sa forme normale; tous les autres impératifs sont regardés comme grossiers, ils ne servent que dans les commandements militaires, et à l'égard des coulis, des domestiques que l'on emploie. Dans la plupart des cas, on les remplace par des tournures comme celles qui suivent:

*o kaki nasai,* 御書キナサイ

*o kaki kudasai,* 御書キ下サイ ⎫ *veuillez écrire*

*kaite kudasai.* 書イテ下サイ

On emploie aussi, mais rarement, l'auxiliaire de la langue écrite, *tamahu,* 賜フ; ainsi:

*kaki tamahe.* 書キ賜へ

Envers les gens que celui qui parle a à son service, envers les domestiques d'une auberge ou les petits marchands, on se sert du gérondif avec *kureru,* 呉ル, *donner.*

Exemple:

*tiya wo motute kite kure.* 茶ヲ持ツテ來テ呉レ, *apportez du thé*

On peut dire aussi *kurei,* pour *kure yo;* souvent *kure* est sous-entendu et la phrase se termine par le gérondif.

Une forme un peu plus polie est la suivante: *o kure nasai,* 御與レナサイ, prononcé souvent: *o kun nasai,*

オクンナサイ, Mais cette forme même serait grossière à l'égard d'un lettré, d'un commerçant, d'un petit employé de bureau.

**147.** *Dou zo* et *dou ka* sont souvent traduits par: *s'il vous plaît*; ce n'est qu'une approximation, les honorifiques tiennent amplement lieu de cette formule française. Le sens propre de ces deux expressions est: *d'une façon quelconque* (§ 62).

Exemple:

*dou ka, watakusi no diron wo hito ga sansei site kurereba, ii ga.........* ドウカ私ノ持論ヲ人ガ賛成シテクレレバ好イガ...... *je souhaiterais que, de manière ou d'autre, il y eût des gens pour appuyer mon opinion, mais.........*

*Arigatau*, 有リ難ウ, qui équivaut à *merci*, est beaucoup moins usité que ce dernier mot. *Non merci* se traduit bien par: *yorosii*, 宜イ; *yorosiu gozaimasu*, 宜ウゴザイマス, litt: *c'est bien, c'est assez*; ou *yosi maseu*, 止シマセウ, *je pense m'arrêter*.

**148.** Certains substantifs ont une forme honorifique et une forme ordinaire; ainsi: *atama*, 頭, *la tête*, et *o tumuri*, 御天窓, *votre tête*. C'est surtout pour les noms des relations de parenté que ces doubles formes sont usitées. Dans la liste ci-dessous, **H** désigne la forme honorifique, *H*, la forme humble.

*titi*, 父, *père*

**H.** *go sin pu*, 御親父, *go son pu*, 御尊父, *go rau zin*, 御老人, *votre père*; *o toto san*, オトトサン, *votre papa*

*H.* *oyadi*, 親父, *mon père*

*haha*, 母, *mère*

**H.** *o kaka san*, 御母樣, *votre mère, votre maman*

*H.* *haha*, 母, *o hukuro*, 御袋 (vulgaire), *ma mère*

# IVᵉ PARTIE

## DES PARTICULES (テ ニ ヲ ハ, *TENIWOHA*)

---

### I. — RÔLE, ORIGINE, CLASSIFICATION.

**150.** Les particules ou postpositions jouent à l'égard des noms le même rôle que nos prépositions, c'est-à-dire qu'elles remplacent la déclinaison et marquent les relations des mots entre eux ; elles tiennent lieu de nos conjonctions de coordination ; enfin, on a vu qu'elles servent dans la conjugaison, forment différents modes et correspondent à diverses conjonctions de subordination.

Les postpositions sont d'origines diverses, anciens substantifs ou formes verbales usées ; tel mot est encore employé tantôt comme particule, tantôt comme verbe ; tel autre se retrouve dans la langue écrite, avec son rôle primitif, aujourd'hui oublié ; pour d'autres enfin, la transformation était déjà achevée dans la langue ancienne et on n'en peut saisir la trace. J'indiquerai brièvement ces origines, qui éclaircissent le sens et l'emploi des particules.

**151.** Parmi les particules, les unes sont invariables, les autres sont variables et ont des bases à la façon des verbes : ces dernières ne se suffixent qu'aux verbes ; leur sens varie souvent avec l'espèce du mot auquel elles sont jointes, et même, avec la forme du verbe à laquelle elles sont attachées. Il faut noter que les postpositions peuvent se suffixer les unes aux autres : tantôt chacune conserve son sens assez distinct, tantôt le sens résultant est difficile à analyser.

Je diviserai les postpositions en suffixes de cas, suffixes du pluriel, suffixes divers.

## II.—SUFFIXES DE CAS.   a. Génitif.

**152.** La véritable particule du génitif, dans la langue parlée, est *no*, 之 ; *ga* a originairement presque le même sens, il l'a conservé dans les noms géographiques et dans certains emplois particuliers.

L'origine de *ga* est inconnue ; peut-être *no* pourrait-il être pour *nu*, qui serait le participe présent du vieux verbe *être* que l'on retrouve dans *ni* (§ 157) et dans *de* (*nite*, § 161).

Exemples :

*Huransu no hito,* ふらんす丿人, *un Français*

*inu no ha,* 犬丿齒, *une dent de chien*

*Hosi ga woka,* 星が岡, nom géographique (m. à m. *Colline des Étoiles*)

*sake ga kirahi,* 酒が嫌ヒ, *n'aimant pas le vin* (m. à m. *non-amateur de vin*)

—*Ga* peut se traduire fréquemment par le nominatif.

Exemple :

*midu ga nai,* 水が無イ, *il n'y a pas d'eau* (m. à m. *l'eau n'est pas*)

Mais *nai* étant un participe (§ 74), cette phrase veut dire exactement : *l'absence de l'eau* ; et ici encore, *ga* marque en réalité un génitif.

La même tendance à passer du sens génitif au sens nominatif, tendance qui tient à la nature du verbe japonais, s'observe aussi pour *no.*

Exemple :

> *kisiya no tuukau suru toki,* 汽車ノ通行スル時, *au moment où le train passe.*

**153.** *No* se met entre deux substantifs qui seraient, en latin en apposition ; le français fait souvent comme le japonais, et emploie le mot *de.*

Exemples :

> *Yamasiro no kuni,* 山城ノ國, *la province de Yamasiro*
> *kerai no Tadanori,* 家來ノ正則, *Tadanori, son serviteur*
> *iti mai no kami,* 一枚ノ紙, *une feuille de papier*

*No* correspond donc presque partout au *de* français entre deux substantifs ; il est admis qu'il est seul à pouvoir marquer la relation entre deux noms, il se substitue ou il se surajoute à la particule traduisant la préposition dont l'emploi nous paraîtrait logique.

Exemples :

> *teuyaku no danpan,* 條約ノ談判, *les discussions au sujet du traité*
> *korera biyau no yobau,* 虎烈拉病ノ豫防, *les mesures préventives contre le choléra*
> *Nihon kara no tegami,* 日本カラノ手紙, *une lettre du Japon*
> *kon niti made no kandiyau,* 今日迄ノ勘定, *le compte à ce jour*

—*No,* après un participe de verbe d'état, lui donne la valeur d'un substantif ; de même après un participe de verbe d'action.

Exemples :

> *akai no,* 赤ノ, *le rouge (l'objet rouge)*
> *ohoki na no,* 大キナノ, *le grand (l'objet grand)*
> *konai no darau,* 來ナイノダラウ, *je pense qu'il ne viendra pas*
> (m. à m. *il sera le non-venant* ; à rapprocher du § 112)
> *aru no ka,* 有ルノ乎, *y en a-t-il ?* (m. à m. *le fait qu'il y en a ?*)

Il prend alors après lui les particules de la déclinaison et autres.

Exemples :

*motuto ii no ha, ari masen ka.* モツト好イノハ有リマセンカ, *n'y en a-t-il pas de meilleurs ?*

*kou ihu no mo, kudasatute kure.* コウ云フノモ下サツテクレ. *veuillez m'en donner aussi de la sorte*

*moto no mama de yokatuta no ni, naze ziyun wo nahosita.* 本ノ儘デ好カツタノニナゼ順チ直シタ, *pourquoi avoir changé l'ordre, puisque cela allait bien d'abord ?* (littéralement : *au fait étant bien de la manière primitive, pourquoi avoir changé l'ordre ?*)

**154.** Cette combinaison *no ni*, à la fin d'une phrase, qui reste inachevée, a un emploi spécial.

Exemple :

*kou sureba, dekiru no ni...........,* コウスレバ出來ルノ二, *vous réussiriez, si vous vous y preniez ainsi.*

La suspension, et le doute qui en résulte, amènent en français à l'idée du conditionnel (cf. § 97) ; de plus, **no ni**, qui équivaut à : *au lieu de,* marque qu'on ne s'y prend pas comme on devrait ; la phrase pourrait se construire avec **ni** seulement, et serait alors un peu moins forte (cf. §§ 160 et aussi 172).

**155.** *No,* seul à la fin d'une phrase, a une valeur exclamative et emphatique.

Exemples :

*sore de mo, itute mitai to otusiyai masita no,* 夫デモ行ツテ見度イトオツシヤイマシタノ, *elle dit : " Mais je veux le voir tout de même ! "*

—Dans la locution **mono no,** 物ノ, à la fin d'un membre de phrase, on peut admettre que **no** est pour **nagara.** 乍, *tel quel, en même temps.*

Exemples :

*rikutu de ha, kou ihu mono no, zitusai ha, yohodo mudukasii,*
理屈デハコウ云フ物ノ實際ハ餘程六敷イ, *pour la théorie, cela va
bien, mais en pratique c'est très difficile*

**156.** *Ga* à la fin d'une proposition a une valeur d'opposition qui peut être traduite en mettant *mais* au commencement
de la phrase suivante; cette opposition est parfois très peu
marquée; *ga,* employé ainsi, peut être répété à la fin de plusieurs membres de phrase; il ne peut se trouver à la fin d'une
phrase que par ellipse de la proposition principale, et il en
résulte souvent un sens conditionnel (§ 97).

Exemples :

*sina ha, yorosiu gozai masu ga, nedan ha, takau gozai masu,*
品ハ宜ウゴザイマスガ直段ハ高ウゴザイマス, *ces articles sont
bons, mais ils sont chers*

*bankoku kouhau ga arau ga, nani ga arau ga......,* 万國公法ガ
有ラウガ何ガ有ウガ......, *il peut y avoir un droit international,
il peut y avoir bien d'autres choses, mais.........*

*areba, you gozai masu ga.........,* 有レバ好ウゴザイマスガ, *il
serait bon qu'il y en eût*

—On entend souvent au commencement d'une phrase *da-
ga,* ダガ, signifiant : *il en est ainsi, mais......; oui, mais......*

## b. Datif, locatif, instrumental.

**157.** *Ni,* forme indéfinie d'un ancien verbe *être* (cf.
§§ 152, 161, 100) signifie *dans, à,* avec ou sans mouvement.

Exemples :

*hito ni kane wo yaru,* 人ニ金チ遣ル, *donner de l'argent à
l'homme*

*Yokohama ni woru,* 横濱ニ居ル, *demeurer à Yokohama*

*Yokohama ni yuku,* 横濱ニ行ク, *aller à Yokohama*

**158.** *He,* un ancien nom signifiant *le côté, la partie* (*heya,* 部屋, *une chambre*), indique la direction *vers,* mais sans spécifier si le but est ou n'est pas atteint.

Exemples :

*minami he yuku.* 南ヘ行ク, *aller vers le sud*

*gakukau he yuku.* 學校ヘ行ク, *aller à l'école*

**159.** *Made,* 迄, qu'on peut rapprocher de *made* ou *maude,* 詣, racine verbale qui signifie *aller à, visiter,* veut dire *jusqu'à ;* on l'emploie pour le temps comme pour l'espace.

Exemples :

*doko made?.* 何處迄, *jusqu'où ?*

*kousi kuwan made.* 公使館迄, *à la Légation, jusqu'à la Légation*

*zihu go niti made.* 十五日迄, *jusqu'au 15*

*Made,* et surtout *made ni,* équivaut à *vers,* appliqué au temps.

Exemples :

*hati zi made ni,* 八時迄ニ *vers huit heures*

**160.** *Ni* a plusieurs emplois qui se rattachent, de plus ou moins près, à son sens premier et étymologique. Avec *naru,* 成ル, *devenir,* il ne se traduit pas ; *to* est employé dans le même sens (cf. § 166).

Exemples :

*kane ni naru,* 金ニ成ル, *devenir de l'argent*

*yama to naru,* 山ト成ル *devenir une montagne*

—Il a parfois une force adversative (§ 154) ; dans une énumération, il veut dire : *en outre, et* (cf. § 167) ; il termine parfois la phrase par suite d'une ellipse (§ 154).

Exemples :

*kou ihu susume wo senu ni, nasakenai koto wo site kureru.* コ ウ云フ勸メチセヌニ情ナイ事チシテクレル, *je n'ai jamais donné de tel conseil, et cependant on agit avec moi sans pitié* (*ni.* marque du datif suffixée au participe *senu.* marque aussi une certaine opposition)

**138.** Les causatifs suivent régulièrement la 2ᵉ conjugaison, dont ils sont susceptibles de revêtir toutes les formes ; ils ont même des potentiels.

Exemple :

*siru,* 知 ル, { causatif :               *siraseru,* 知 ラ セ ル
             { potentiel du causatif : *siraseraveru.* 知 ラ セ ラ レ ル

mais ces formes compliquées sont rares.

Il n'existe pas de causatif du potentiel.

— *Masu* n'a pas de causatif ; *kuru,* venir, fait *kosaseru ; suru,* faire, fait *saseru ; sinuru,* mourir, fait *sinaseru.*

**139.** L'idée exprimée par le causatif est que l'action, accomplie par une personne, est décidée par une autre ; la nature de cette décision n'est pas exprimée : *siraseru* signifiera aussi bien : *faire savoir,* que : *laisser savoir.*

L'agent qui accomplit l'action est marqué par la postposition *ni ;* l'objet de l'action, si c'est un régime direct, prend *wo.*

Exemples :

*kiku wo uwekiya ni uwesasite kudasai,* 菊 ヲ 植 木 屋 ニ 令 植 ヲ 下 サ イ, *veuillez faire planter des chrysanthèmes par le jardinier*
*tukahi no mono wo matase masita,* 使 ノ 物 ヲ 待 タ セ マ シ タ, *j'ai fait attendre le messager*

Remarquez la forme *sasite,* employée vulgairement pour *sasete.*

## D. Dérivés divers.

**140.** Les verbes d'état forment, du radical verbal et du suffixe *garu,* des dérivés que l'on peut assimiler à une voix

ani. 兄, *frère aîné*

**H.** *o ani sama,* 御兄樣, *go son kei.* 御尊兄, *votre frère aîné*

**H.** *ani.* 兄, *mon frère aîné*

otouto, 弟, *frère cadet*

**H.** *go siya tei.* 御舍弟, *votre frère cadet*

**H.** *otouto.* 弟, *mon frère cadet*

*wotuto.* 夏人, *mari*

**H.** *go tei siyu.* 御亭主, *go siyu zin.* 御主人, *votre mari*

**H.** *yado.* 家所, *siyu zin.* 主人, *uti,* 內, *taku.* 宅, *mon mari, (on emploie aussi le postnom)*

*tuma.* 斐, *femme*

**H.** *o kami san.* 御上樣 (basse classe), *go siu zan.* 御新造 (classe moyenne), *sai kun.* 斐君 (classe moyenne), *oku sama.* 奥樣 (classe supérieure), *votre femme*

**H.** *sai,* 斐, *kanai.* 家內, *ma femme*

*musuko.* 息, *fils*

**H.** *go sisoku.* 御子息, *votre fils*

**H.** *segare.* 悴, *mon fils*

*musume.* 孃, *fille*

**H.** *go ziyau san.* 御孃樣, *votre fille*

**H.** *musume.* 孃, *ma fille*

**149.** Quelques personnes emploient, à l'imitation du langage écrit, des particules humbles, qui sont toutes tirées du chinois ; on peut citer : *gu,* 愚, *stupide ; hei.* 弊, *vil ; setu,* 拙, *ignorant ; so* 粗, *grossier.* Cette habitude est peu répandue et l'humilité de celui qui parle s'exprime suffisamment à l'aide des verbes et substantifs humbles et des honorifiques de diverses sortes qui sont à sa disposition.

*sono hito wo takahi ni yari masu ni, ame ga huri dasita,* 其人
ヲ使ヒ二遣リマスニ、雨ガ降出シタ, *comme j'envoyais cet homme
en commission, voilà que la pluie a commencé*

*tamago ni yaki pan ni tiya ni siyou.* 邲二燒キパン二茶二シヤウ,
*des œufs, des rôties, du thé feront l'affaire.*

—*Ni* s'emploie pour l'instrumental avec les passifs et les
causatifs (§§ 130, 139).

Exemples :

> *ka ni sasareru,* 蚊二螫サレル, *être piqué par les moustiques*
> *kutu ya ni itasaseru,* 靴屋二致サセル, *faire faire par le cordonnier*

—Avec l'indéfini du verbe, *ni* prend le sens de : *afin de,
pour ;* suffixé au participe, il garde son sens habituel.

Exemples :

> *sakura wo mi ni yuku,* 櫻ヲ見二行ク, *aller pour voir les cerisiers*
> *mada neru ni ha, hayai,* 未ダ寢ルニハ早イ, *il est encore tôt pour
> se coucher*

**161.** La marque la plus habituelle de l'instrumental est
*de* (pour *nite,* gérondif du verbe *être,* cf. § 157).

Exemples :

> *hasami de kiru,* 剪デ切ル, *couper avec les ciseaux*
> *Nihon go de,* 日本語デ, *en japonais*
> *hitotu de yorosii,* 一ツデ宜イ, *un seul suffit (c'est assez d'un)*

—*De* garde très souvent son sens primitif : *étant* (§§ 100,
111, 112).

Exemples :

> *san zi han de gozaimasu,* 三時半デゴザイマス, *il est trois
> heures et demie*
> *ano hito ha, daziyaku de, you ni tatanai,* 彼人ハ惰弱デ用二立
> タナイ, *cet homme est paresseux, il n'est bon à rien*

*Ni* et *de,* servent aussi dans un grand nombre de locutions
qui correspondent à des adverbes (§§ 47, 100).

**162.** *Motute*, 持ツテ, plus souvent 以, gérondif de *motu, tenir,* marque l'instrumental dans la langue écrite ; il se construit avec l'accusatif ; mais on l'emploie peu de cette façon dans le langage parlé. On l'entend surtout après *de,* dont il redouble le sens : parfois il est simplement explétif : l'usage de *motute* marque toujours un peu de pédantisme.

Exemples :

> *hanahada motute,* 甚ダ以, *extrémement* (même sens que *hanahada*)
> *naha de motute,* 縄デ以, *au moyen de cordes*

### c. Ablatif.

**163.** L'idée de l'ablatif se rend à peu près indifféremment par *kara,* カラ, et par *yori,* ヨリ, qui s'écrivent en caractères : 自, 從, 與 ; mais les caractères ci-contre sont des prépositions, comme 于 que l'on met parfois pour *ni,* tandis que les particules japonaises doivent toujours être lues après le mot qu'elles gouvernent.

*Kara* est sans doute un vieux substantif signifiant *cause* ou *origine; yori* est l'indéfini du verbe *yoru,* encore usité dans un grand nombre de sens (*s'approcher, s'appuyer,* etc.)

Exemples :

> *koko kara,* 茲カラ, *à partir d'ici*
> *kami gata yori,* 從上方, *depuis Kyôto*
> *saku zitu yori,* 昨日ヨリ, *depuis hier*
> *san go nen zen kara,* 自三五年前, *depuis quatre ou cinq ans*

—*Yori* a de plus un emploi spécial dans les comparaisons de supériorité, où il correspond au *que* français (§ 103).

Exemple :

> *kono yama ha, sono hau yori takai.* 此山ハ從其方高イ, *cette montagne-ci est plus haute que celle-là*

**164.** *Kara,* après un participe conserve son ancien sens : *cause, parce que ;* après un gérondif, après quelques pronoms, il prend le sens de : *après, après que.*

On lui suffixe quelque fois *ni,* ニ, *site,* 爲テ, sans que son sens soit modifié.

Exemples :

> *sore kara site,* 夫カラシテ, *ensuite*
> *yuttte kara,* 行ツテカラ, *après y être allé*
> *kutabireta kara,* 草臥レタカラ, *parce que je suis fatigu*

## d. Conjonctif. énumératif.

**165.** *To* signifie : *et, avec* ; on le trouve souvent répété, comme le latin QUE

Exemples :

> *watakushi to yuku,* 私ト行ク, *aller avec moi*
> *Nihon to Sinkoku to,* 日本ト清國ト, *le Japon et la Chine*
> *kore to ha, tigahi masu,* 是トハ違ヒマス, *c'est différent de ceci*

—On le trouve, avec le sens de *quand, après que, en outre,* dans des phrases telles que :

> *okiru to sugu ni,* 起ルト直ニ, *aussitôt levé*
> *sau suru to,* サウ爲ルト, *ayant fait cela, faisant cela*

—Il sert à former des adverbes, soit en restant particule séparée, soit en se fondant dans le mot (§ 47).

Exemples :

> *si ahase to,* 仕合ト, *par bonheur*
> *kitu to,* 急度, *certainement*
> *patatu to,* パタット, (onomatopée) *bruit d'un corps qui tombe.*

—A la fin d'une phrase, il est emphatique et affirmatif (§ 143).

Exemple :

> *ari masu ka—ari masu to mo,* 有リマスカ○有リマストモ, *y en a-t-il ?—Oui, certes, il y en a*

**166.** Le sens primitif de *to,* 與, semble être : *cela, ainsi* ; il se rattacherait au *so* de *sore,* 夫 ; il a servi d'abord à introduire dans la phrase un membre un peu séparé. Ainsi, *si ahase to site,* 仕合ト為テ, veut dire littéralement : *étant cela : à savoir chance.* De même, le *to* répété d'un des exemples précédents introduit côte à côte les deux noms de pays et appelle l'attention sur eux ; d'où résulte le sens de *et, avec.*

*To* a la même valeur, il sert à introduire un mot, un membre de phrase, une citation, dans les exemples suivants ; dans ce sens, il peut se mettre après n'importe quel mot capable de terminer une phrase.

Exemples :

*hito to site,* 人ト為テ, *étant homme* (m. à m. *étant cela : un homme*)

*yama to naru,* 山ト成ル, *devenir une montagne* (cf. § 160)

*matu to ihu ki,* 松ト云フ木, *l'arbre appelé pin*

*nan to ihu,* 何ト云フ, *quel nom ?* (m. à m. *appelé : quoi ?*)

*uso da to ihi masu.* 虚言ダト云ヒマス, *il dit cela être mensonge,* c'est à dire : *il dit que c'est un mensonge*

Parfois l'expression *to ihu mono ha,* ト云フ物ハ, se raccourcit en *to ha,* トハ.

Exemple :

*go ziyau to ha.* 五常トハ, *ce qu'on appelle les cinq vertus,* ou, *l'expression: go ziyau (les cinq vertus)*

**167.** *Ni* sert aussi parfois de conjonctif (§ 160).

Exemple :

*biiru ni budau siyu ni tetupau midu wo motute kite,* 麦酒ニ 葡萄酒ニ鐵砲水ヲ持ツテ來テ, *apportez de la bière, du vin et de l'eau de seltz*

**168.** *Dano,* ダノ, composé de *da,* être, et de *no,* marque du génitif, sert aussi aux énumérations : mais ce mot implique l'existence d'autres objets que ceux qui sont cités, il participe un peu d'une marque du pluriel, tandis que *ni* et *to* sont purement conjonctifs.

Exemple :

*sake dano, kuwasi dano. sakana dano.* 酒ダノ, 菓子ダノ, 肴ダノ, *du vin, des gâteaux, du poisson, etc.*

**169.** *Si,* シ, mis à la fin d'une ou plusieurs propositions, après le participe final, a une valeur énumérative ; il marque une sorte de pause. Il ne peut se trouver à la fin de la phrase que par suite d'une ellipse.

Exemple :

*Huzi mo mieru si. umi mo mieru si. makoto ni ii kesiki desu,* 富士モ見得ルシ海モ見得ルシ實ニ好イ景色デス, *on voit le Fuzi, on voit aussi la mer, c'est vraiment une belle vue.*

## e. Vocatif.

**170.** La particule *ya,* 耶, qui indique le vocatif, est peu employée dans la conversation ; on s'en sert quand on appelle quelqu'un.

Exemple :

*Haru ya,* 春耶, *Haru !*

**171.** Quelquefois cette particule est conjonctive ou disjonctive (*et, ou*).

Exemple :

*inu ya neko ga dai suki desu.* 犬ヤ猫ガ大好キデス, *il est grand amateur de chiens et de chats*

## f. Accusatif.

**172.** L'accusatif est marqué par *wo,* 袁 une ancienne interjection qui sert à attirer l'attention sur le mot qu'elle suit ; dans la langue parlée, elle conserve quelquefois son ancienne valeur, mais il en est rarement ainsi ; elle n'est pas d'ailleurs indispensable pour le régime direct et se trouve parfois supprimée.

Exemples :

> *niku wo taberu.* 肉ヲ食ル, *manger de la viande*
>
> *mesi kuhu toki.* 飯食フ時, *en dînant (au moment de manger le riz)*
>
> *honyaku suru.* 翻譯スル. *faire une traduction*

Le rôle d'interjection de *wo* est surtout marqué dans la locution *mono wo* terminant la phrase : la suspension qui en résulte, amène à l'idée du conditionnel : la phrase terminée par *mono wo* contient toujours une idée de regret ou de reproche, encore plus marquée que celle qui finit en *no ni* (cf. §§ 97, 154, 160).

Exemple :

> *kou sureba. dekiru mono wo* コウスレバ出來ル物ヲ, *vous réussiriez bien, si vous vous y preniez ainsi !*

—Remarquez que la particule *ha*. suffixée à *wo*. devient *ba*, par euphonie.

Exemple :

> *kimono ni abura wo ba kakemasita.* 著物ニ油ヲバ注ケマシタ, *c'est de l'huile qui a taché mon vêtement*

## III.—SUFFIXES DU PLURIEL.

**173.** Les suffixes *ra, domo, siyu, tati, gata* ont été cités et expliqués au § 32. *Ra* entre dans la composition des adverbes de lieu (§ 59), il leur donne une nuance de vague : ainsi *koti,* コチ, veut dire *ici, kotira,* コチラ, signifie *par ici, de ce côté.*

Les préfixes chinois *su,* 數, et *siyo* 諸, déjà cités (§ 33) ne s'emploient qu'avec les mots chinois.

—*Nado,* 抔 ou 等, (chinois *tou,* 等) sert à conclure ou à remplacer une énumération ; il correspond bien à *et cætera.*

Exemple :

> *kome ya sake ya zaimoku nado.* 米耶酒耶材木抔, *le riz, le vin, le bois de construction, et cætera*

IV.—SUFFIXES DIVERS. **a. Conjonctifs et disjonctifs.**

**174.** *Ha,* 者, est un ancien substantif signifiant *chose,* et de là : *ce qui, celui qui, lui.* Il n'est plus usité que comme particule disjonctive, appelant l'attention sur le mot, sur la proposition qui précède, les séparant, les mettant en relief dans la phrase. Seul, il correspond au français *quant à;* répété, il équivaut au grec μὲν et δὲ; souvent, il n'y a pas lieu de le traduire expressément, mais seulement par la tournure de la phrase.

Exemples :

*kore ha, tigahi masu,* 是ハ違ヒマス, *ceci diffère* (impliquant que cela ne diffère pas)

*budausiyu wo sukosi atatamete, biiru ha, sono mama de yorosii,* 葡萄酒ヲ少シ温メテ麦酒ハ其儘デ宜イ, *faites chauffer un peu le vin; quant à la bière elle est bien comme cela*

*ima ha,* 今ハ, *mais maintenant* (opposé à *tout à l'heure*)

*tabako ha, nomi masen* 烟草ハ飲ミマセン, *du tabac, je n'en fume point*

*yoku ha, zonzi masen,* 好クハ存ジマセン, *je ne sais pas très bien*

*nisi ha, Huzi, kita ha, Tukuba de gozaimasu,* 西ハ富士, 北ハ 筑波デゴザイマス, *à l'ouest, c'est le Fuzi, au nord le Tsukuba*

*inu ha,* 犬ハ, *et le chien?*

**175.** On voit par ces exemples que *ha* indique le nominatif, l'accusatif, le datif, qu'il se suffixe à l'adverbe, qu'il remplace un interrogatif : en réalité, il sépare du contexte le mot qui le précède et n'indique nullement son rôle dans la phrase; c'est pour cela qu'il peut être traduit différemment dans chaque cas.

Il est tout à fait faux de le regarder comme particule du nominatif; avec cette idée on arriverait sans cesse à un contresens ou à un non-sens : dans la phrase : *anata ha, keiba desu ka,* 彼方ハ競馬デスカ, traduisez *ha* par le nominatif, et vous avez : *êtes-vous une course de chevaux ?* Le sens est : *et vous, est-ce aux courses (que vous allez) ?*

La nature impersonnelle du verbe japonais a déjà été expliquée (§§ 64, 74, 130, 152) : le nominatif, le sujet agissant ou subissant n'existe presque jamais en japonais et il n'existe aucune particule spéciale pour l'indiquer ; l'action se passe par rapport à une personne (*ha*) ; elle est le fait d'une personne (*ga*) ; tel objet étant posé, tel fait a lieu (*de*) ; ce sont ces trois séries de locutions qui correspondent le plus souvent au sujet français.

**176.** Comparez les phrases suivantes :

*sensei ga, mie masita,* 先生ガ見得マシタ, *c'est le lettré qui est venu*
*sensei ha, mie masita,* 先生ハ見得マシタ, *le lettré est venu*
*kore ga ii,* 是ガ好イ, *c'est ceci qui est bon.*
*kore ha ii,* 是ハ好イ, *ceci est bon*
*kore de ii,* 是デ好イ, *c'est bon*

Dans la première comme dans la troisième, le mot important, c'est : *le lettré*, c'est : *ceci* : si par exemple vous attendez le tailleur, et qu'on frappe à la porte, le domestique vous dira : *c'est le lettré qui est venu.*

Dans la deuxième et la quatrième phrase, le verbe est le mot important, puisque littéralement elles signifient : *la venue par rapport au lettré, la bonté par rapport à ceci* ; si le lettré a écrit qu'il ne viendrait pas et qu'il se présente, on vous dira : *le lettré est venu,* et on appuiera sur le mot *venu.*

Pour la cinquième phrase, elle signifie : *étant donné ceci, c'est bon, ou c'est bien ainsi ; c'est assez.*

Autres exemples :

*kotohatute oki masita,* 断ツテ置キマシタ, *j'ai refusé*
*kotohatute ha, oki masita ga......* 断ツテハ置キマシタガ, *j'ai bien refusé, mais......*

*tukahi ha, kita ga, taunin ha, ki ha sinai,* 使 ヒ ハ 來 タ ガ 當 人 ハ 來 ハ 爲 ナ イ, *il est bien venu un messager ; quant à l'intéressé, il n'a pas poru*

**177.** *Ha* se trouve parfois à la fin d'une phrase avec un sens emphatique et exclamatif.

Exemple :

*kono han ga ii ha,* 此 方 ガ 好 イ ハ, *certes celui-ci est bon*

**178.** Suffixé à la forme indéfinie du verbe, au gérondif, aux participes, *ha* conserve sa valeur habituelle (§ 91).

**179.** Suffixé à la base négative, sous la forme adoucie *ba,* il donne l'hypothétique ; *ba,* avec le parfait, forme le conditionnel (§ 97)

Exemples :

*yukaba.* 行 カ バ, { *quant au fait que je puis aller,*
{ *au cas où j'irai,*
{ *si je vais, si j'allais*

*yukeba,* 行 ケ バ, { *quant au fait que je suis allé,*
{ *au cas où je suis allé,*
{ *quand je vais,*
{ *comme je suis allé*

**180.** *Diya,* ヂ ャ, est une contraction familière et particulière à Tôkyô des deux particules *de ha,* qui dans un langage plus châtié, restent distinctes ; *ha* a ici son rôle habituel d'appuyer sur ce qui précède.

Exemples :

*sore diya* (ou *de ha*) *nai ka,* 夫 ヂ ャ (デ ハ) ナ イ カ, *n'est-ce pas ceci !* (presque équivalant grammaticalement à : *sore de nai ka ;* mais cette dernière phrase est peu usitée)

*sau diya nai,* サ ウ ヂ ャ ナ イ, *non, ce n'est pas cela*

**181.** *Mo*, モ, est l'opposé de *ha* : il indique que le nom ou la proposition qui précède, fait partie d'une série dont il ne doit pas être distrait ; il correspond ainsi à : *aussi, même* ; ou, répété, à *et......et......*, *ni......ni* (avec un verbe à la voix négative).

Exemples :

*watakusi mo mairiri masu.* 私モ参リマス, *j'irai aussi*

*ka mo nomi mo takusan wori masu.* 蚊モ蚤モ澤山居リマス, *il y a et des moustiques et des puces en grande quantité*

*are mo deki masen.* 彼モ出來キマセン, *cela non plus n'est pas possible*

*yoku mo waruku mo nai.* 好クモ惡クモ無イ, *ce n'est ni bon ni mauvais*

*kore yori mo ohoki na.* 是ヨリモ大キナ, *encore plus grand que ceci*

**182.** *Mo*, après un interrogatif, lui donne un sens indéfini ; *de mo*, opposé à *de ha*, a le même effet (§ 62).

Exemples :

*dare mo*, 誰モ, *même qui !* d'où : *n'importe qui*

*itu de mo*, 何時デモ, *même quand !* *n'importe quand, toujours*

*Mo* se met parfois après *ka* et conserve son sens, mais il n'est guère traduisible.

Exemple :

*mata rai nen kuru ka mo sire masen.* 又來年來ルカモ知レマセン, *je ne puis guère savoir s'il viendra de nouveau l'an prochain*

**183.** *Mo*, suffixé au gérondif, a le sens de : *quand même, même si.*

Exemple :

*karinakute mo. tari masu.* 借リナクテモ足リマス, *cela suffira même si je n'emprunte pas*

*To mo* après un participe a, à peu près, le même sens.

Exemple :

*yukanu to mo.* 行カヌトモ, *même n'y allant pas*

—*Domo* (adoucissement de *to mo*) souvent abrégé en *do,* se suffixe au parfait pour former le concessif (§ 98) ; dans ce mode, le radical verbal au parfait exprime un fait qui a eu lieu, qui est donc certain : de là, vient la distinction de sens entre le concessif et les locutions indiquées ci-dessus.

Exemples :

> *okedo,* 置ケド, *bien que je pose* (m. à m : *même étant donné le fait : j'ai posé*)
>
> *oitaredo,* 置イタレド, *bien que j'aie posé*

—*To mo* à la fin d'une phrase est une affirmation énergique (§ 143).

## b. Interrogatif et dubitatif.

**184.** *Ka,* 乎, n'a d'autre correspondant en français que le point d'interrogation ; à la fin de la phrase, il la rend interrogative sans aucun changement de construction. Si la phrase contient un mot interrogatif, *ka* est habituellement supprimé, il peut cependant être maintenu.

Exemples :

> *ari masu,* 有リマス, *il y en a*
>
> *ari masu ka,* 有リマスカ, *y en a-t-il ?*
>
> { *dare desu,* 誰デス } *qui est là ?*
> { *dare desu ka,* 誰デス乎 }
>
> *aru mono ka,* 有ル物乎, *y a-t-il quelque chose de semblable ?* (litt. *un objet existant ?*).

**185.** *Ka,* donne au mot qu'il suit une nuance de doute il sert ainsi à former des pronoms indéfinis (§ 62).

Exemples :

> *dare ka,* 誰カ, *quelqu'un*
>
> *huri maseu to omohi masu,* 降リマセウト思ヒマス, *je pense qu'il pleuvra*
>
> *huri maseu ka to omohi masu,* 降リマセウカト思ヒマス, *je pense qu'il pourrait bien pleuvoir*

—*Ka* répété correspond à : *ou......ou......*

Exemple :

> *ii ka warui ka sire masen.* 好イカ悪イカ知レマセン, *je ne saurais dire s'il est bon ou mauvais*

## c. Affirmatifs, négatifs.

**186.** *Na,* abréviation du verbe classique *naru, être* (peut-être pour *ni aru :* cf. §§ 100, 157, 161) sert à former les quasi-verbes d'état (§ 100), il affirme la qualité énoncée par le mot précédent.

—Cette particule *na* se fait suivre de *no* pour indiquer que le participe est pris substantivement (§ 153).

Exemple :

> *heta na no.* 下手ナノ, *un maladroit*

La locution *na no,* abrégée en *nan,* se rencontre dans des cas où sa présence semble inexplicable ; ainsi :

> *kore desiyau ka?—aa. sore nan desu.* 是デシヤウカ○アヽ夫ナ ンデス, *Est-ce ceci?—Oui, c'est bien cela*

Peut-être ce *nan* est-il une survivance de l'affirmative *nan* (futur de *nu,* § 152, 157, 161) du style classique, l'équivalent du *ne* que l'on entend si souvent à Tōkyō (§ 192).

**187.** *Na,* base négative de *ni* (§§ 152, 157, 161) suffixé au participe présent, donne l'impératif négatif (§ 87) ; on considère aussi ce suffixe comme une abréviation de *nakare,* 勿, impératif du verbe d'état *nai,* 無イ, *n'être pas.*

**188.** *Na* est le suffixe variable qui sert à former la voix négative (cf. 86).

**189.** *De,* suffixé à la base négative, forme un gérondif négatif qui n'est usité que pour quelques verbes ; cette syllabe semble contractée ici de *zu* (indéfini de *nu*) et *te* qui sert à former le gérondif.

Exemple :

    *sirade,* 知ラデ, *ne connaissant pas, sans connaître.*

**190.** *Ke* ou *khe* est un suffixe familier qui indique de la part de celui qui parle, une conviction ferme, mais difficile à préciser.

Exemple :

    *atutake,* 有少タケ, *sûrement il y en avait*

    *itutake.* 云少タケ, *je suis persuadé qu'il l'a dit*

## d. Emphatiques.

**191.** *Koso,* コソ, renforce le mot ou la phrase qui précède, un peu à la façon de *ha,* mais beaucoup plus énergiquement.

Exemple :

    *sore wo koso hubin ni obosimesite.* 夫をコソ不便に思召して, *ayant pitié précisément de cela*

**192.** *Ne* (Tōkyō), *na* ou *no* (provincial) doit peut-être se rattacher à la vieille racine *ni, être* (§ 186) ; cette particule ponctue le discours et attire l'attention sur ce qui précède, un peu comme *ha* et *koso.*

Exemples :

    *kore ha ne,* 是は子, *quant à ceci*

    *ano ne,* 彼子, *eh bien !*

    *sau desu ne,* さうです子, *vraiment*

**193.** *Sa* ou *saa,* qui s'emploie soit au commencement, soit à la fin de la phrase, est toujours vulgaire.

Exemples :

*kore kara yuku no saa,* 是から行くのサア, *allons maintenant !*

*sa, o ide nasai,* サ御出でなさい, *entrez, entrez !*

*sa yau sa,* 左様サ, *bien entendu !*

**194.** *Yo* a à peu près la même valeur et est moins vulgaire.

Exemples :

*ari masen yo,* 有りませんヨ, *non, il n'y en a pas*

*abunai yo,* 危いヨ, *gare !*

Ce mot sert à former l'impératif de la 2e conjugaison (§ 85).

**195.** *Ro* paraît être une corruption du précédent ; il sert à former des impératifs très employés à Tōkyō (§ 85).

**196.** *Zo,* quelquefois *ze,* est une particule de style écrit : on la met parfois, dans la langue parlée, à la fin d'une phrase pour lui donner de la force.

Exemple :

*ii hanasi da ze,* 好イ話ダゼ, *voilà une bonne histoire*

### c. **Exclamatifs.**

**197.** *Aita,* アイタ, cri de douleur, de *aa,* アア, et du radical *ita* 痛, *douloureux.*

—*Dou mo,* ドウモ, exprime difficulté, espoir, regret.

Exemple :

*dou mo dekinai,* ドウモ出来ない, *c'est malheureusement impossible*

—*Dotukoisiyo,* ドッコイショ (vulgaire) exprime la satisfaction d'avoir achevé une chose difficile, d'avoir soulevé un fardeau.

—*Dou ka,* ドウカ ; *douzo,* ドウゾ, expriment un vœu, une demande (cf. § 147)

—*Oi*, オイ, pour appeler ; *mausi*, 申 même sens, mais plus poli.

—*Oya oya*, オヤオヤ ⎫
*Maa*, マア      ⎬ marquent l'étonnement (surtout em-
*Ara*, アラ      ⎭ ployés par les femmes).

## f. Limitatifs, etc.

**198.**  *Dutu*, 宛, veut dire : *à la fois* ; il s'emploie avec les noms de nombre (§ 42).

Exemple :

   *san mai dutu*, 三枚宛, *trois feuilles à la fois, trois feuilles par trois feuilles*

**199.**  *Bakari*, 計, qui se rattache à *hakaru*, 量, *peser*, veut dire *seulement, environ*.

Exemples :

   *zihu kin bakari*, 十斤計, *environ dix livres*
   *sukosi bakari*, 少シ計, *seulement un peu*

—*Dake*, 丈, *limite, quantité*, a un sens très voisin.

Exemple :

   *kore dake*, 是丈, *seulement ceci, pas davantage*

—*Hodo*, 程, *degré*, a un sens analogue ; il a aussi un emploi dans les comparatifs d'infériorité (§ 103).

Exemples :

   *sore hodo*, 夫程, *seulement ceci, dans cette mesure*
   *katabireru hodo*, 草臥レル程, *au point d'être fatigué, assez pour être fatigué*

**200.**  *Nomi*, 而已, et *tada*, 只, signifient *seulement ;* le second a une place indépendante dans la phrase et n'est pas une vraie particule, le premier se postpose.

Exemples:

*ii no wo nomi toru,* 好イノ チノ ミ取ル, *ne prendre que les bons.*

*tada ni do ka san do de gozaimasu,* 只二度カ三度デゴザイマ
ス, *c'est seulement deux ou trois fois*

—*Sika* correspond à *si ce n'est* et s'emploie avec le négatif.

Exemples:

*hitori sika kiyaudai ga nai,* 一人シカ兄弟ガナイ, *il n'a qu'un
frère* (m. à m. *si ce n'est un, les frères ne sont pas.*)

**201.** *Damo* et *dani* sont usités respectivement avec le
complément direct et le complément indirect; on trouve aussi
*damo* avec le complément indirect.

Exemples:

*ziyaudan ni damo itakari wo ihu na.* 雑談ニダモ僞ナ云フナ,
*ne dites pas de mensonge même en plaisant ant*

*si wo damo osorenu,* 死ナダモ恐レヌ, *il ne craint pas même
la mort*

*yume ni dani minai.* 夢ニダニ見ナイ, *même pas vu en songe*

**202.** *Sahe,* サヘ, veut dire *seulement*; il s'emploie
surtout avec le conditionnel.

Exemples:

*kaukau sahe areba,* 孝行サヘ有レバ, *s'il avait seulement de la
piété filiale*

*de sahe mo.* デサヘモ, *même* (emphatique)

*kodomo de sahe mo wakari masu.* 子供デサヘモ分リマス, *même
un enfant comprend cela*

—*Sura,* 尙, a le même sens que *sahe* et, comme lui, s'emploie avec le sujet.

Exemples:

*kinziu sura ko wo aisimasu.* 禽獸スラ子ヲ愛シマス, *même les
bêtes aiment leurs petits*

**203.** *Kiri*, 切, indéfini de *kiru*, 切ル, couper (cf. § 108), indique *totalité*.

Exemple :

*tiya ha, kore giri desu ka.* 茶ハ是切デスカ, *est-ce là tout ce qu'il y a de thé?*

### g. Adversatifs.

**204.** *Ga*, à la fin d'une proposition l'oppose à celle qui suit ; il peut souvent se traduire par *mais* (§ 156).

—*To mo*, après un participe, a un sens analogue, mais plus marqué (§ 183).

—*Tote*. トテ, est une abréviation de *to itute*, ト云ツテ, *to omotute*, ト思ツテ, *to kiite*, ト聞イテ ; vulgairement on le remplace par *tute*, ツテ (prononcez *tté*) et il est alors suffixé à la fin d'une phrase, surtout par les femmes et les gens de basse classe ; il signifie, dans ce cas: *to ihi masu*, ト云ヒマス, *to ihi masita*, ト云ヒマシタ, *il dit, il a dit que......*Dans son emploi habituel, il marque une opposition: *supposé même que......*

Exemple :

*ikura gakumon sita tote.* 幾ラ學問シタトテ, *quelques études que vous ayez faites, cependant......*(cf. § 183)

—*Tote mo* a le sens de : *même si*, qui résulte de sa composition ; devant un verbe négatif, il se prend dans le sens de : *aucunement*.

Exemple :

*tote mo ikenai*, トテモ行ケナイ, *cela ne convient pas du tout* (litt. *de quelque façon que ce soit, cela ne convient pas*)

### h. Simultané.

**205.** *Nagara*, 乍, s'emploie après la forme indéfinie pour indiquer simultanéité d'action ; après un nom, il signifie que l'objet est pris tel quel, sans modification.

Exemple :

*hutari nagara*, 二人乍, *tous deux tels quels, tous deux ensemble*

*karuma ni nori nagara, yomi masen.* 車二乘リ乍讀ミマセウ, *je lirai en voiture*

## i. Possibles. vraisemblables.

**206.** *Sau na*, 相ナ, *d'apparence*, avec le radical des verbes de la 1ère classe, avec l'indéfini de ceux de la 2e, forme un quasi-verbe d'état indiquant la vraisemblance (§ 93).

**207.** *Beku*, 可ク, *beki*, 可キ, *besi*, 可シ, suffixé à la forme conclusive (1ère et 2e conj. de la 2e classe), ou à l'indéfini (2e conj. de la 2e classe) exprime les idées de *possibilité, obligation, nécessité, futur* ; dans certains dialectes, *bei*, forme vulgaire de *beki*, sert habituellement à faire le futur (§§ 84, 101).

Exemple :

*su beki koto*, 爲可キ事, *une chose que l'on doit faire*

**208.** Le contraire de *beki* est exprimé en langue écrite par *maziku, maziki, mazi* qui se construit comme *beki* ; on n'entend plus aujourd'hui que la forme abrégée *mai* qui sert à former le présent incertain négatif (§§ 84, 101).

## j. Désidératif.

**209.** *Taku*, 度ク, ou *tau*, 度ウ, *taki*, 度キ, ou *tai*, 度イ, suffixé à la forme indéfinie forme le verbe désidératif (§ 93).

# V<sup>e</sup> PARTIE

## DE LA SYNTAXE.

———

**210.** La principale, on pourrait dire l'unique règle de la syntaxe japonaise peut être formulée comme il suit :

**Le déterminatif, le mot dépendant précède toujours le mot déterminé, le mot dont il dépend.**

Tous les exemples cités dans cette grammaire mettent en lumière quelque application de cette règle ; je me bornerai donc à noter ici les conséquences pratiques les plus importantes du principe général.

**a.** Le qualificatif se met devant le nom qualifié, sans distinguer si ce qualificatif est lui-même un nom, un démonstratif ou interrogatif, un participe.

**b.** Le possessif ou génitif se met devant le mot dont il dépend.

**c.** Le nom se met devant la particule qui marque son rôle dans la phrase.—Cette application de le règle générale se justifie facilement, si l'on songe : 1° que la particule établit la relation entre un complément placé d'abord et un mot complété qui le suit ; la particule ne peut donc être qu'entre les deux ; 2° que toutes les particules dont nous connaissons l'étymologie, sont ou des noms d'un sens très général (*côté*, *cause*, *personne* ou *chose*), ou des verbes, ou des interjections marquant une pause : dans les trois cas, la particule doit être une postposition.

**d.** Les compléments prennent place avant le verbe ; leur ordre est fixé par leur importance relative. Si plusieurs noms sont coordonnés et jouent le même rôle par rapport à un verbe, la postposition n'est exprimée qu'après le dernier.

**e.** La proposition relative a toujours pour verbe un participe, qui se met, précédé de ses compléments, devant le nom qu'il explique.

**f.** Les propositions secondaires sont exprimées d'abord, la proposition principale conclut la phrase.—Il n'y a d'exception à cette règle que par l'ellipse, assez fréquente, du verbe principal, quand il est aisé à suppléer (p. ex. *desu*) ; ou par l'inversion des propositions, qui se présente assez souvent dans la conversation, si celui qui parle veut ajouter une circonstance secondaire qu'il a oubliée.

**g.** Les propositions subordonnées se terminent toujours par une particule indiquant la nature de leur dépendance à l'égard de la proposition principale ; le verbe de la proposition coordonnée joue par rapport à sa particule le même rôle que le nom par rapport à sa postposition. Les propositions subordonnées ont souvent pour équivalent un nom de temps, de lieu, de nécessité expliqué par un participe et ses compléments.

**h.** Les propositions coordonnées se mettent simplement à la suite les unes des autres, les premières sont au gérondif ou à la forme indéfinie, la dernière est seule au temps et au mode exigés par son rôle dans la phrase ; le gérondif et l'indéfini représentent seulement le temps et le mode du premier verbe à un mode différent qui suit.

**i.** La proposition principale, qui, dans le style écrit, est au conclusif, prend dans la langue parlée, la forme d'un participe.

Il résulte de ce principe une conséquence importante : la proposition principale n'est pas l'affirmation d'un fait considéré comme existant ; elle n'est que l'énoncé d'un fait, dont l'existence, pour être impliquée, n'est pas exprimée. Il n'y a pas d'action, ni par suite de sujet ; il y a seulement un fait qui se passe par rapport à une personne ou à une chose, ou encore un fait qui, en se passant, est la propriété d'une personne ou d'une chose.

Même avec le conclusif, l'action alors affirmée explicitement comme étant faite, est encore conçue comme la propriété d'une personne ou d'une chose, ou pensée par rapport à une personne ou à une chose.

Le verbe est impersonnel ; et par suite, le sujet n'existe pas ; le mot qui en tient la place, est une sorte de complément, un déterminatif: il se place devant le verbe et, en raison de son importance, il précède la plupart des autres compléments.

**j.** Deux négations se détruisent.—On a souvent recours à ce principe pour exprimer fortement une affirmation ou une obligation (voir des exemples aux §§ 76, 91).

**k.** En principe, la citation est directe ; les paroles citées sont répétées telles quelles et suivies de *to*, ト ; toutefois les honorifiques employés en me parlant, ne sauraient être répétés par moi: si l'on m'a dit : *O ide nasai*, 御出でなさい, *veuillez entrer*, je dirai : *koi to ihi masita*, 来いと云ひました, *il m'a dit de venir*.—On a parfois recours à une citation indirecte, à l'aide de l'expression *yau ni*, 樣に, *de la façon* ; ainsi : *kuru yau ni ihi masita*, 來る樣に云ひました, *il m'a dit de venir.*—La citation est souvent annoncée par les mots : *kotoba ni*, 言に, *d'après (ses) paroles ; ihaku ha*, 云はくは, *quant à (son) dire ; omohaku ha*, 思はくは, *quant à (ma) pensée.*

**1.** L'interrogation n'est pas annoncée par la construction, mais seulement par la présence d'un mot interrogatif.

**III.** Enfin le japonais a une tendance très marquée à mettre dans une seule phrase, comprenant une proposition principale et des propositions secondaires aussi nombreuses qu'il est nécessaire, toutes les circonstances et le développement complet d'une action. Les phrases sont souvent très longues et le style haché n'existe pas.

FIN.

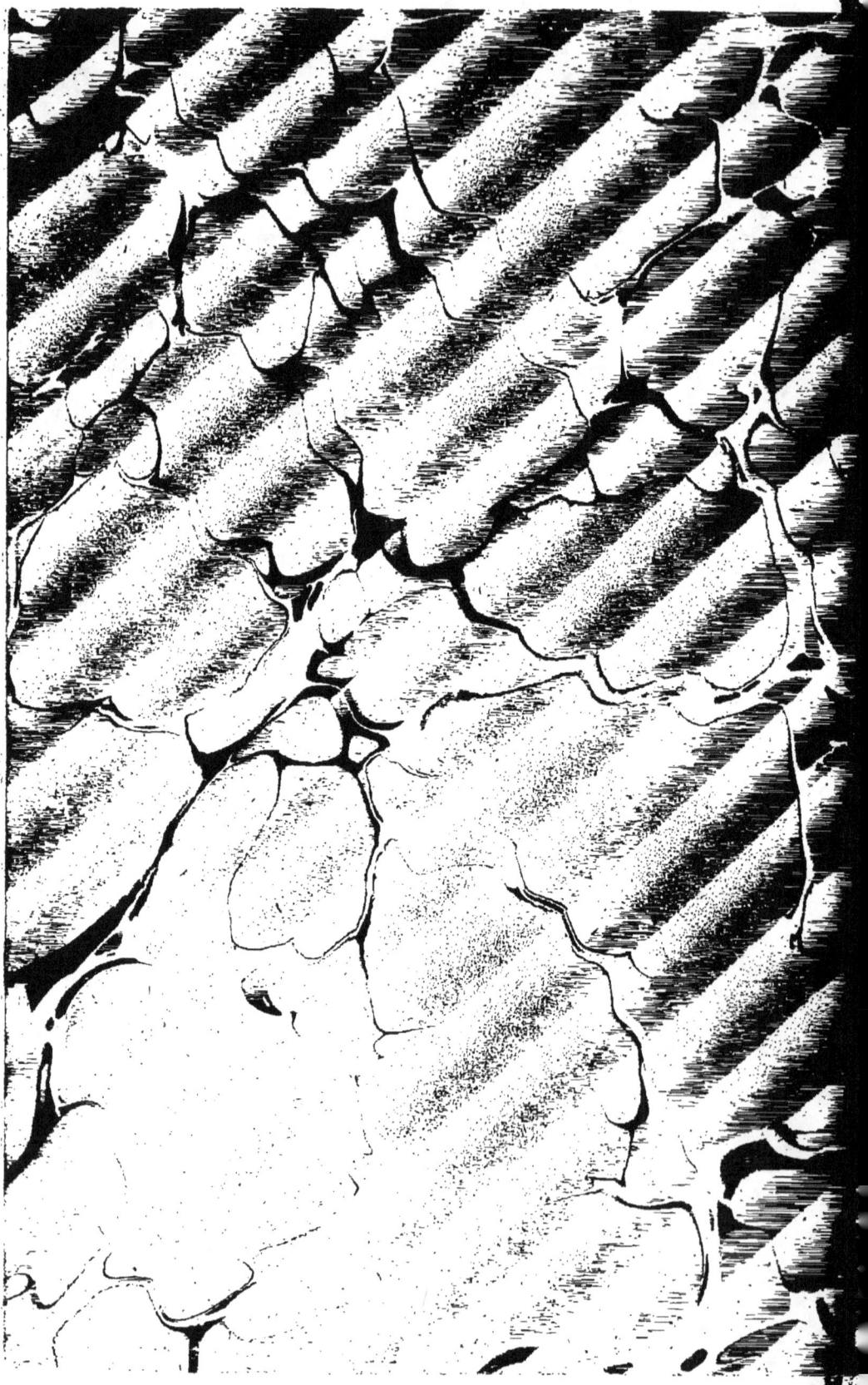